L'ÉGLISE DE LYON

DES ORIGINES AU XIVe SIÈCLE

PAR

l'Abbé J.-B. MARTIN

DOCTEUR DE L'UNIVERSITÉ DE LYON
CORRESPONDANT DU MINISTÈRE DE L'INSTRUCTION PUBLIQUE
PROFESSEUR AUX FACULTÉS CATHOLIQUES DE LYON

Cette étude forme l'introduction de l'ouvrage intitulé :

CONCILES et BULLAIRE du Diocèse de Lyon

LYON

IMPRIMERIE EMMANUEL VITTE
18, rue de la Quarantaine, 18

1904

L'ÉGLISE DE LYON

DES ORIGINES AU XIVᵉ SIÈCLE

L'ÉGLISE DE LYON

DES ORIGINES AU XIVᵉ SIÈCLE

PAR

l'Abbé J.-B. MARTIN

DOCTEUR DE L'UNIVERSITÉ DE LYON
CORRESPONDANT DU MINISTÈRE DE L'INSTRUCTION PUBLIQUE
PROFESSEUR AUX FACULTÉS CATHOLIQUES DE LYON

Cette étude forme l'introduction de l'ouvrage intitulé :

CONCILES et BULLAIRE du Diocèse de Lyon

LYON

IMPRIMERIE EMMANUEL VITTE
18, rue de la Quarantaine, 18

1904

I. DE LA PRÉTENDUE APOSTOLICITÉ DES ÉGLISES DE GAULE, ET DE CELLE DE LYON EN PARTICULIER

Le présent travail, comme son nom l'indique, comprend, à la fois, et les conciles et le bullaire du diocèse de Lyon. Par concile il faut entendre toute réunion d'évêques assemblés en vue de régler des points de dogme ou de discipline ecclésiastique. Il m'a toutefois paru bon d'ajouter à la nomenclature des conciles de Lyon : 1° les conciles tenus en dehors du diocèse et auxquels ont assisté les archevêques de Lyon, ce qui pourra grandement aider à tracer leur itinéraire ; 2° les assemblées d'évêques qui ne sont pas strictement conciliaires, mais qui intéressent l'histoire lyonnaise, telles sont, par exemple, les consécrations des églises de couvents qui étaient célébrées parfois en présence d'un pape, plus souvent en présence de plusieurs évêques ; d'ailleurs il est fort possible que dans ces circonstances les évêques assemblés aient traité de matières conciliaires bien qu'il n'en soit pas fait mention dans les chroniques ; 3° les synodes diocésains tenus à Lyon devaient également trouver place dans cette publication : il est d'usage, en effet, d'insérer dans les collections des conciles, les synodes diocésains, au moins jusqu'au xive siècle.

La question de l'apostolicité des églises des Gaules préoccupe, plus que jamais, le monde savant. Ce n'est pas le lieu de rappeler ici tous les travaux que nous a valus cette joute historique ; il semble bien toutefois que les partisans de l'apostolicité aient perdu, depuis quelque temps, une bonne partie de leur assurance primitive. Sans vouloir entrer dans le débat, bornons-nous à rappeler les faits suivants.

L'établissement du siège épiscopal de Lyon est un fait historiquement connu. Saint Pothin, natif de la province d'Asie, est envoyé en Gaule par son maître saint Polycarpe, vers le milieu du second siècle. Il arrive à Lyon, sans doute par la voie du Rhône, fonde l'église de cette ville, en devient premier évêque et, vers l'an 177, y subit glorieusement le martyre avec ses quarante-sept compagnons. Saint Pothin a tenu directement sa mission de saint Polycarpe et ne paraît pas être allé la chercher à Rome. Je n'ignore pas que certaines légendes affirment que saint Pothin fut envoyé en Gaule par le pape saint Clément. Voici d'ailleurs un texte relatif à cette insoutenable prétention : il est tiré d'un ouvrage assez rare intitulé : *Abrégé de l'histoire des martyrs et des saints de la ville de Lyon avec les statuts et règlements de l'ancienne confrérie de St Irénée et des martyrs de Lyon, rétablie de nouveau en l'église dudit saint Irénée à Lyon, par le sieur Jean Guérin, chamarier de l'église Saint-Irénée* (1).

Qu'on lise les citations suivantes :

« C'est à ces grands hommes, à qui Dieu dit : *Vos estis lux mundi*, ayant été les premiers flambeaux qui ont porté la lumière de la foy à l'église de France que S. Clément avait choisi par un esprit prophétique, sçavoir S. Denys pour Paris, et S. Pothin pour Lyon, prévoyant que ces deux villes devaient être les deux yeux de ce royaume, l'une pour le temporel, l'autre pour le spirituel. (2) »

Et plus loin : « La première persécution sous l'empereur Antonin avait bien commencé, mais non pas encor parachevé de perdre les chrétiens Lyonnois, lors que Dieu leur donna pour évêque le grand S. Irénée tiré de l'escole de S. Polycarpe et envoyé par le pape Anaclet. (3) »

La réfutation n'est point difficile. L'origine de cette légende remonte au xiie siècle, époque où, pour des raisons d'exemption et de prééminence, il était de mode d'inventer des diplômes et des bulles, de grossir et d'antidater les listes épiscopales. Pour cela on ne reculait même pas devant les plus grossières invraisemblances et les pires anachronismes. C'est bien le cas présent ; l'écrivain n'ignore pas que saint Pothin a été martyrisé en 177 et saint Irénée au début du iiie siècle ; malgré cela, il n'hésite pas à antidater ces missions d'un siècle pour assurer à ces évêques l'honneur d'avoir été envoyés par saint Clément (88 ?-97 ?) et Anaclet (76 ?-88 ?).

Il semblerait qu'on eût dû s'arrêter dans cette voie. Mais les légendaires sont insatiables, et de là à imaginer une venue à Lyon de saint Pierre lui-même, il n'y avait qu'un pas qu'on n'a pas hésité à franchir. Voici un produit d'imagination tiré d'un ouvrage de piété sans nom d'auteur et intitulé : *Souvenir*

(1) A Lyon, chez Estienne Perrin, 1668. In-18, xiv-234 p.
(2) Pag. 109-10. (3) Pag. 121-2.

du 8 décembre 1885 à Lyon. La très Sainte Vierge honorée de son vivant ou origine première de son culte en Palestine et dans le monde entier, notamment dans les Gaules, à Lyon, à Marseille, à Bordeaux (1).

Un vénérable prêtre lyonnais, missionnaire et saint religieux, nous affirme que son professeur d'histoire ecclésiastique disait, il y a cinquante ans, à ses élèves, futurs apôtres du Lyonnais, que le christianisme avait été apporté dans l'ancien *Lugdunum* par des prédicateurs venus de Rome, envoyés par saint Pierre lui-même, et déguisés en marchands. Le même professeur ajoutait que la tradition (probablement puisée à la même source, voulait que le prince des apôtres ait célébré en personne les saints mystères à Lyon, à l'endroit où s'élève aujourd'hui l'antique église Saint-Paul. Le premier pape serait venu, aussi bien que ses envoyés, par le Simplon et la vallée du Rhône. La tradition du diocèse de Genève veut que Bourg-Saint-Pierre marque l'endroit où il s'arrêta quelque temps. La cathédrale de Genève, dédiée à saint Pierre, marquerait aussi l'endroit où il aurait officié en présence des premiers chrétiens de la ville. Autun signale une de ses églises comme ayant joui de la même faveur. Barcelone réclame la présence de saint Pierre dans ses murs l'an 50 de notre ère, et fait remonter à son initiative le culte de la Vierge dont l'image fut d'abord remise aux Saintes Puelles (les premières religieuses de Barcelone résidant à San Pedro de las Puellas), et qui fut transportée depuis au Montserrat, où le culte de la mère de Dieu a fleuri depuis sans interruption. Siméon Métaphraste fait traverser les Gaules par saint Pierre au moment où il se rend en Angleterre. Ces voyages devaient se faire secrètement et avec une extrême prudence, à cause de la haine violente des Juifs et de leurs incessantes dénonciations. Ces dernières avaient déjà occasionné l'édit de Claude qui chasse de Rome tous les Juifs (lisez tous les chrétiens) l'an 47 de l'ère vulgaire.

On le voit, c'est parfait : les uns veulent saint Pierre à Lyon, les autres saint Paul à Anse, et tout cela qualifié de *tradition*, sans qu'on veuille faire la distinction entre une sotte légende et une respectable tradition reposant sur des bases solides. A quand la tradition du voyage de Notre-Seigneur et de la sainte Vierge sur les rives du Rhône ?

Il importe d'ajouter que cette mentalité n'est heureusement point l'état d'esprit du clergé actuel. Nombreux sont-ils ceux qui, comme Mgr Duchesne, M. le chanoine U. Chevalier, M. l'abbé Houtin (2) et tant d'autres, n'hésitent pas, au risque

(1) S. I. (Lyon) 1875, in-8°, 46 p.
(2) Surtout dans sa *Controverse de l'apostolicité des églises de France au xix° siècle*, Paris, 1903.

de s'exposer à de rudes coups, à renverser les légendes pour rétablir la pure vérité historique.

II. RAISONS DE L'IMPORTANCE DU SIÈGE ÉPISCOPAL DE LYON

Un des faits qui ressortent avec le plus d'évidence du présent travail est l'extrême importance occupée par le siège de Lyon au milieu des églises voisines. Cette ville, en effet, appelée, sans exagération, la Rome des Gaules, reçut le bienfait de l'évangélisation chrétienne sans doute de très bonne heure, mais sans qu'il soit possible de fixer une date ou de citer un nom (1).

D'où vient la suprématie qui s'affirma plus tard par l'institution de la primatie ? Deux solutions sont données à ce problème. Les uns estiment que cette primatie provient du fait que Lyon a été la première ville des Gaules (en mettant à part la Provence) où fut établi un siège épiscopal fixe. D'autres pensent que la ville de Lyon n'a possédé qu'après beaucoup d'autres villes, son siège épiscopal et, qu'en conséquence, sa suprématie ne provient sans doute que de sa situation privilégiée de grande ville gallo-romaine, comme aussi de son importance économique.

La solution de ce problème serait ainsi liée à la question si controversée de l'apostolicité des églises des Gaules. Il existe encore des opinions moyennes ; l'une, par exemple, accepte l'antériorité de l'église de Lyon, mais estime que la primatie de cette église a été créée de toutes pièces par Grégoire VII, en faveur de l'archevêque Hugues. Personnellement, je pense que l'origine de la primatie est multiple : d'une part, l'importance officielle de notre ville à l'époque romaine, d'autre part, l'antériorité de la fondation du siège épiscopal lui donnèrent sur les autres églises, et, dès le début, une importance incontestable qui s'affirma dans nombre d'actes de la vie religieuse, sans pourtant que le mot de primatie fût prononcé. Plus tard, l'autorité de l'archevêque de Lyon s'accrut, soit à cause de la naissance illustre de ses archevêques, soit par suite de privilèges et de diplômes royaux et impériaux, et cette importance fut un acheminement direct à la notification officielle de la primatie par Grégoire VII.

(1) Il va sans dire que nous repoussons l'invraisemblable assertion de ceux qui croient à la venue de l'apôtre saint Paul à Lyon. Cette singulière opinion a sans doute tiré son origine du nom de Assa Paulina, la ville d'Anse actuelle, nom dont la similitude avec celui de l'apôtre a frappé les créateurs de cette légende.

En dressant la liste des conciles auxquels ont assisté les archevêques de Lyon, on s'aperçoit bien vite que ceux-ci en ont présidé un certain nombre, et cela en dehors de leur province. Voici quelques faits de ce genre :

Le 7 mai 538, Loup préside le IIIe concile d'Orléans (1).

Le 28 octobre 549, Sacerdos préside le Ve concile d'Orléans (2).

Le 27 août 590, Ethérius, évêque de Lyon, signe, le premier, dans un concile où se trouvent les évêques : Syagrius d'Autun, Aunachaire d'Auxerre, Hésychius de Grenoble, Agricola de Nevers, Urbicus de Riez, Félix de Belley, Véran de Cavaillon, Félix de Châlons-sur-Marne et Bertrand du Mans (3).

Le 27 septembre 626-7, Tétricus assiste et souscrit le premier au concile de Clippiacum (Clichy-la-Garenne, Seine) (4).

Le 22 juin 659, Ennemond assiste à un autre concile de Clippiacum. Il souscrit le troisième, après le roi et Géroald, son référendaire, au diplôme accordé par Clovis II au monastère Saint-Denis de Paris (5).

En 695, Godwinus assiste au concile de Sens ; il souscrit le premier au diplôme accordé par Emmon, évêque de cette ville, à Ragnachaire, abbé du monastère de Sainte-Colombe et Saint-Loup de Sens (6).

Le 8 janvier 855, Rémi souscrit le premier, et Audin, chorévêque de Lyon, le dernier au IIIe concile de Valence (7).

Le 14 juin 859, Rémi préside le IIe concile de Toul, tenu plus exactement à Savonnières, en présence de Charles-le-Chauve (8).

Les 18-25 août 866, Rémi assiste au IIIe concile de Soissons. Il souscrit le premier à une lettre datée du 18 ou mieux du 21, dans laquelle on dénonce à Nicolas Ier les méfaits des Bretons (9).

Du 1er juin au 16 juillet 876, concile de Ponthion (Marne). Robert, évêque de Valence, et son frère Edouard, ayant fondé le monastère de Charlieu et établi Gausmar comme abbé, Robert obtient du concile, le 1er juin, la confirmation des privilèges de l'abbaye ; Aurélien, archevêque de Lyon, y souscrit le premier ; Leuboïnus, chorévêque de Lyon, y signe également (10).

Fin août 890, Aurélien préside le concile de Valence, où Louis, fils de Boson, est élu roi de Provence (11).

(1) N° 40. — (2) N° 41. — (3) N° 55. — (4) N° 66. — (5) N° 74. — (6) N° 80. — (7) N° 132. — (8) N° 141. — (9) N° 146. — (10) N° 165. — (11) N° 186.

Du 22 avril au 2 mai 1050, Halinard assiste au concile de Latran. Il y est nommé le troisième, après le pape et Dominique, patriarche de Grado (1).

D'autre part, dans nombre de conciles, les archevêques de Lyon, occupaient une place plus ou moins secondaire. D'où viennent ces deux anomalies? On a donné de cela diverses explications. Les uns pensent que la présidence d'un concile était un honneur attaché plutôt au personnage qu'au siège; dans ce cas, l'âge de l'évêque, son savoir, ses travaux apostoliques, l'auraient désigné au choix de l'assemblée. Ce système paraît, en effet, avoir été plusieurs fois réalisé, mais non pas, je pense, régulièrement : les cas sont relativement rares où le concile ait été présidé par un autre que par le métropolitain.

III. — LA CENTRALISATION ECCLÉSIASTIQUE. — NOMINATION DIRECTE PAR LES PAPES DES ARCHEVÊQUES ET AUTRES DIGNITAIRES DE L'ÉGLISE DE LYON.

Le bullaire lyonnais fournit également une utile contribution à l'étude du gouvernement direct de l'Église par les souverains pontifes, autrement dit à l'étude de la centralisation. On sait que, dans les premiers siècles, la nomination des évêques se faisait par le clergé avec l'assentiment du peuple; plus tard, le peuple ne fut plus consulté et l'élection se fit directement et exclusivement par les chanoines. Les papes n'intervenaient que fort rarement, lorsque, par exemple, il se produisait quelque compétition entre deux candidats. A partir du XII° siècle, l'intervention de Rome devient fréquente; au XIII° et au XIV° elle est habituelle. Voici relevés tous les cas que j'ai pu rencontrer de ces élections directes par le Saint-Siège.

Vers 1031, Jean XIX offre l'archevêché de Lyon à Odilon, abbé de Cluny, et lui envoie l'anneau et le pallium (2).

Le 17 septembre 1076-7, concile d'Autun, présidé par Hugues, évêque de Die et légat; il y fait élire Gébouin, archidiacre de Langres, comme archevêque de Lyon; il le consacre lui-même le dimanche 17 et vient l'installer à Lyon (3).

Le 24 octobre 1081, Grégoire VII ordonne à Hugues, évêque de Die, de choisir de suite un pontife pour l'église de Lyon; s'il ne trouve personne de digne, il devra accepter pour lui l'archevêché qui lui est offert, imitant en cela l'apôtre saint Pierre qui

(1) N° 245. — (2) N° 228. — (3) N° 289.

fut transféré de l'église d'Antioche à celle bien supérieure de Rome (1).

En 1163-4, Alexandre III approuve l'élection de Drogon, archidiacre de Lyon, comme archevêque de cette ville (2).

En 1164, le même pape déclare à plusieurs reprises, que l'élection de Drogon, comme archevêque de Lyon est nulle (3).

Le 9 août 1235, Grégoire IX informe le chapitre de Lyon qu'il choisit Rodolphe, évêque d'Agen, pour archevêque de Lyon (4).

Entre janvier et mai 1245, Innocent IV nomme Philippe de Savoie, évêque de Valence comme archevêque de Lyon (5).

Le 30 décembre 1267, Clément IV rappelle à Gui de Mellot, évêque d'Auxerre, que, lors de la vacance du siège de Lyon, une partie du chapitre élut Milon, doyen de cette ville et une autre choisit Gui de la Tour, évêque de Clermont. Le pape annonce à Gui de Mellot qu'il le nomme de son autorité archevêque de Lyon (6).

Entre juin et décembre 1272, Grégoire X écrit à Pierre de Tarentaise qu'il confirme son élection comme archevêque de Lyon et l'engage à ne pas résister à l'appel du Seigneur ; Pierre, après une prompte acceptation, devra aller, avec confiance, gouverner l'église de Lyon (7).

Le 12 juin 1284, Martin IV informe maître Rodolphe de Tourette qu'à la mort d'Aimar, archevêque de Lyon, la majorité du chapitre élut comme archevêque Drugellus, précenteur ; quelques chanoines nomment Hugues Brun, chanoine; Drugellus s'étant rendu à Rome pour faire confirmer son élection, Réginald, neveu de feu Hugues, abbé de Cluny, et d'autres chanoines protestent contre ce choix ; Martin IV annonce à Rodolphe de Tourette, chanoine de Verdun, qu'il le nomme archevêque (8).

Le 23 juillet 1289, Nicolas IV expose à Bérard, archevêque élu de Lyon, qu'après la mort de l'archevêque Rodolphe, Gui doyen et le chapitre de Lyon se sont divisés en deux groupes pour l'élection de son successeur : les uns tenant pour Perceval de Lavania, sous-diacre et chapelain du pape, les autres ayant élu Henri, maintenant archevêque élu de Bordeaux et alors archidiacre de Tonnerre dans l'église de Langres ; le pape choisit pour archevêque de Lyon, Bérard, archidiacre de Montaut dans l'église d'Agen (9).

---

(1) Nᵒ 312. — (2) Nᵒ 610. — (3) Nᵒ 614. — (4) Nᵒ 849. — (5) Nᵒ 923. — (6) Nᵒ 1526. — (7) Nᵒ 1559. — (8) Nᵒ 1977. — (9) Nᵒ 2010.

Le 13 juillet 1295, Boniface VIII informe Henri de Villars que, lors de la vacance du siège de Lyon par la translation de Bérard de Got à l'évêché cardinalice d'Albano, Célestin V avait réservé au Saint-Siège la nomination du nouvel archevêque : Boniface choisit pour ce siège Henri de Villars, chamarier de Lyon et chapelain du pape (1).

Le 7 août 1308, Clément V écrit à Pierre, doyen de Salisbury et sous-diacre, qu'il le nomme à l'archevêché de Lyon vacant par la mort de Louis de Villars (2).

Il faut avouer qu'à côté de choix très heureux, il y en eut d'autres qui le furent moins. On éprouve une réelle tristesse à rappeler le cas de l'archevêque Philippe de Savoie dont la nomination fut imposée au chapitre de Lyon, pour des raisons politiques, par Innocent IV. Cet archevêque désireux de s'assurer des gros revenus de l'église de Lyon, et peu soucieux, d'autre part, de s'engager dans les ordres, conserva ainsi, pendant vingt et un ans, cette situation équivoque et cela malgré les adjurations des souverains pontifes (3). Le bullaire montre que les menaces elles-mêmes sont restées longtemps sans influence sur ce personnage qui, en 1268, démissionnera, deviendra comte de Savoie et se mariera.

A la fin du xiii⁰ siècle, la centralisation s'accentua encore ; la curie pontificale en vint, peu à peu, à nommer directement d'abord les dignitaires des chapitres et les abbés des monastères, puis, enfin, les simples chanoines et les prieurs des petits couvents.

Le chapitre de Lyon s'efforça toujours de garder ses privilèges et de résister aux empiètements des archevêques de cette ville et même des papes. En mai 1245, Innocent IV avait tenté de nommer chanoines ou bénéficiers de Lyon plusieurs de ses parents. Le chapitre qui n'avait pas été consulté et jaloux de ses privilèges refusa absolument de les admettre dans son sein (4).

Boniface VIII avait permis à Louis, archevêque de Lyon, de faire recevoir comme chanoine de cette ville, Jean, fils de Jean de la Chambre, et Humbert, fils de Jean de Cossonay, clercs, neveux de cet archevêque (5). Sans doute l'affaire ne put réussir car, à la date du 22 janvier 1304, Benoît XI permit de nouveau à l'archevêque d'obliger le chapitre à admettre comme chanoines les neveux en question (6). Il n'est pas possible de dire si le projet put, cette fois, réussir. Toutefois, par la suite, il devint im-

---

(1) N⁰ 2092. — (2) N⁰ 2376. — (3) N⁰ 1512. — (4) N⁰ 930. — (5) N⁰ 2148. — (6) N⁰ 2154.

possible de tenir longtemps en échec la puissance pontificale. On était bientôt obligé de subir les nominations quelles qu'elles fussent. Un des exemples les plus typiques de ce genre de nomination, est certainement celui du pape Clément V qui pourvut, en quelques jours, vingt-deux personnages du titre de chanoine de Lyon (1). Il est vrai qu'on savait distinguer entre le titre et la prébende et, comme le nombre de ces dernières était limité, la nomination ne conférait en somme qu'une espérance plus ou moins lointaine. Il n'en est pas moins vrai que la curie pontificale aliénait ainsi, et pour longtemps, le droit pour le chapitre de se recruter et pour les religieux de se choisir des supérieurs.

Un autre grand danger de la centralisation excessive fut de favoriser les manquements à la résidence, et voici comment. Le second concile œcuménique de Lyon avait interdit la pluralité des bénéfices et avait obligé tous les clercs à la résidence. Or, ceux qui sollicitaient et obtenaient les bénéfices en cour de Rome ne manquaient pas aussi de demander et d'obtenir la dispense nécessaire pour pouvoir posséder à la fois plusieurs bénéfices en France, en Angleterre et ailleurs et, par conséquent, pour ne résider que dans un seul. Citons quelques exemples.

Le 4 janvier 1297, Boniface VIII accorde à Guillaume de Franchelens, chanoine de Lyon, un prieuré ou une dignité vacante ou qui vaquera dans l'église de Lyon, malgré qu'il possède déjà les bénéfices suivants : un canonicat et une prébende à Lyon, l'église d'Offord avec charge d'âmes au diocèse de Lincoln, l'église de Valens, au diocèse de Lyon, prieuré qui dépend de Charlieu et d'autres bénéfices (2).

Le 27 juillet 1305, Clément V charge le chantre de Bordeaux, l'archidiacre de *Cairano*, dans l'église de Manso au diocèse d'Agen, et maître Guillaume Rufat de Cassaneto, chanoine de Lyon, de conférer à Bertrand de Bordes, parent du pape, un canonicat et une prébende dans l'église de Lectoure, malgré qu'il possède déjà plusieurs bénéfices dans les églises de Poitiers et d'Agen (3).

Parfois même, il semble que le seul titre à l'acquisition d'un bénéfice ait été la recommandation d'un puissant personnage ou l'illustration de la naissance, même illégitime. Le 8 juin 1285, Honorius IV, sur la recommandation de Jacques Colonna, diacre cardinal de Sainte-Marie *in Via lata*, accorde à Thibaud, moine de Saint-Oyend depuis près de douze ans, de pouvoir être élu abbé de quelque monastère, bien qu'il soit né par adul-

(1) N⁰ 2237-324. — (2) N° 2117. — (3) N⁰ 2162.

tère du comte de Chalon (1). Il serait facile de multiplier à l'infini ces exemples, mais il y a plus, et vraiment les intérêts spirituels de l'Eglise se trouvaient engagés lorsque les bénéficiers des largesses pontificales n'étaient pas dans des conditions canoniques. On en jugera par les exemples suivants.

Le 31 juillet 1305, Clément V charge Arnold de Chanteloup, archevêque élu de Bordeaux, l'archidiacre de *Riparia* dans l'église de Comminges et maître Guillaume Rufat, chanoine de Lyon, de pourvoir Amanieu des Farges d'un canonicat et d'une prébende dans l'église de Reims, malgré qu'il n'ait ni les ordres, ni l'âge requis et qu'il possède déjà d'autres bénéfices (2).

Le 16 novembre 1305, Clément V confère à Guillaume de Beaujeu un canonicat dans l'église de Beauvais, malgré qu'il n'ait pas l'âge requis et qu'il possède déjà un canonicat et une prébende dans les églises de Lyon et d'Amiens (3).

Le même jour, il donne à Thomas de Beaujeu un canonicat et une prébende dans l'église de Reims, malgré qu'il n'ait pas l'âge requis et qu'il possède déjà un canonicat et une prébende dans l'église de Lyon (4).

Le 15 février 1306, Clément V, à la demande de Guichard de Beaujeu, accorde à maître Pierre de Savigny, diacre, clerc et familier de ce Guichard, de pouvoir conserver l'église paroissiale de Tramayes, au diocèse de Mâcon, sans être obligé, pendant deux ans, de se faire promouvoir au sacerdoce (5).

Le 6 mars 1306, Clément V, en considération de Guichard, seigneur de Beaujeu, permet à Jacques Waygnard, recteur de l'église de Rumilly, au diocèse de Genève, de ne pouvoir, durant deux ans, être tenu à recevoir les ordres (6).

Enfin voici une bulle qui rend bien compte de la triste ambition des candidats aux charges ecclésiastiques et des sollicitations de leurs parents : le 8 mars 1306, Clément V, à la demande d'Amédée, comte de Savoie, réserve, en faveur de son fils Aimon, chanoine de Paris, une dignité qui viendra à vaquer dans l'église de Lyon, malgré qu'Aimon soit déjà archidiacre d'York, qu'il possède un canonicat et une prébende dans l'église de Paris, un canonicat et une portion dans celle de Lyon où il réside, un canonicat dans celle de Reims, enfin qu'il n'ait ni l'âge ni les ordres requis (7).

(1) N° 1989. — (2) N° 2163. — (3) N° 2188. — (4) N° 2187. — (5) N° 2225. — (6) N° 2279. — (7) N° 2295.

IV. CIRCONSTANCES ATTÉNUANTES DE LA CENTRALISATION RELIGIEUSE.

A ce triste tableau, il est possible et nécessaire d'apporter quelques justes correctifs. Tout d'abord il est aisé de montrer que les souverains pontifes cherchèrent souvent par d'utiles décrets à mettre un frein à la cupidité des solliciteurs.

C'est ainsi que, le 24 mars 1290, Nicolas IV accorde à l'archevêque de Lyon de pouvoir révoquer ceux qui posséderaient, dans ce diocèse, des églises paroissiales avec charge d'âmes et qui, dans l'année, ne recevraient pas la prêtrise (1).

Les conciles avaient également porté des décrets très sages sur la résidence des curés et contre la pluralité des bénéfices. J'indiquerai plus tard ce que fit, à cette occasion, le second concile œcuménique de Lyon. Enfin on devra noter comme correctifs de cette concession excessive des bénéfices, les trois sortes de circonstances atténuantes dont il va être question.

1º Tout d'abord le souverain pontife dispensait parfois de la résidence certains clercs destinés à servir de suivants aux grands personnages et devant, par conséquent, les accompagner dans leurs déplacements. C'est ainsi que, le 8 mars 1305, Clément V charge (Amblard d'Entremont), évêque de Saint-Jean-de-Maurienne, le prieur de la Côte-Saint-André et celui de Saint-Symphorien-d'Ozon, de faire jouir, pendant cinq ans, trois clercs de Marie, comtesse de Savoie, du revenu de leurs bénéfices, sans résider (2).

2º Parfois aussi le motif de la dispense de résidence était fort louable. Les jeunes bénéficiers devaient, pour leurs études, suivre les cours de telle ou telle université.

Ainsi, le 3 mars 1306, Clément V charge Aimeric de Quarto, évêque d'Aoste, le prieur de Saint-Symphorien-d'Ozon et le prévôt de l'église Saint-Gilles-de-Verrès, au diocèse d'Aoste, de l'exécution de la bulle par laquelle il permet à Guillaumet, chanoine de Sion, fils de feu Godefroy Ebald de Chaland, chevalier, de toucher les revenus de ses bénéfices tout en faisant ses études (3).

3º Enfin les bénéfices ecclésiastiques étaient parfois d'un revenu très minime : c'est ce qui explique qu'on désirât en avoir plusieurs.

Le 2 janvier 1306, Clément V charge le doyen de Lyon de

---

(1) Nº 2061. — (2) Nº 2300. — (3) Nº 2268.

pourvoir Aimeric de La Sarra, moine de Figeac, de l'ordre de Cluny, d'un bénéfice dont le revenu n'excède pas 100 livres petits tournois (1). Le même jour le pape mande aux prieurs de Borneto et de Cassaynhola, au diocèse de Rodez et de Cahors, ainsi qu'au doyen de Lyon, de conférer à Gérard de Lasserre, moine de Conques, au diocèse de Rodez, un bénéfice dont le revenu n'excède pas 100 livres petits tournois (2).

V. — LES DISPENSES ECCLÉSIASTIQUES. — CRÉANCIERS ET DÉBITEURS.

Le présent travail donne également une idée exacte et assez complète des changements survenus, au cours des siècles, dans la discipline canonique. En voici quelques exemples.

On sait que les dispenses de mariage pour parenté du quatrième degré ne sont plus aujourd'hui qu'une affaire de chancellerie et que, moyennant une componende, on les obtient sans difficulté. Il n'en fut pas toujours ainsi, et cette dispense, notamment au treizième siècle, n'était accordée que dans des cas rares et seulement à des personnages qui avaient rendu de réels services au Saint-Siège. C'est ainsi que Innocent IV, au moment de partir de Lyon où il avait fait un si long séjour et reçu une si cordiale hospitalité de la part des bourgeois de Lyon, écrit à Guillaume de Fuer dit du Plâtre, et à Humbert dit Dentii ou Dentu, bourgeois de Lyon, qu'il permet à Hugonet, fils de Guillaume, d'épouser Pétronille, fille de Humbert, lorsqu'ils en auront l'âge, malgré une parenté au quatrième degré (3).

Le 17 juin 1295, Boniface VIII permet à Humbert, fils de Humbert de Villars, d'épouser Éléonore, fille de Louis de Baujeu, malgré une parenté au quatrième degré (4).

Il importe également de signaler la sollicitude du Saint-Siège à obliger les débiteurs, de quelque dignité qu'ils fussent, à payer leurs dettes. On comprend d'ailleurs l'utilité de cette bienfaisante intervention : par cette mesure les papes sauvaient le crédit si nécessaire, même aux évêques et aux monastères, surtout aux époques troublées. En voici quelques exemples.

Le 5 avril 1251, Innocent IV mande à l'abbé de l'Ile-Barbe d'obliger certains clercs et laïques à payer leurs dettes envers Humbert et Etienne dit Flameng, Humbert de Varey,.... du

---

(1) N° 2211. — (2) N° 2212. — (3) N° 1238. — (4) N° 2087.

Palais, et Etienne de Genève, citoyens et négociants de Lyon (1).

Le 8 janvier 1291, Nicolas IV mande, pour la seconde fois, à Pierre, abbé de Saint-Martin d'Autun, et à Jean, abbé de Saint-Rigaud, d'affecter les revenus du monastère de Saint-Seine et des prieurés qui en dépendent, à payer les 2.000 livres tournois que les marchands de Pistoie ont prêtées à ce monastère (2).

Le 6 juillet 1299, Boniface VIII ordonne à Henri, archevêque de Lyon, de payer les emprunts faits par ses prédécesseurs à la société des Spina ou Spini (3).

Il est juste d'ajouter que si les débiteurs étaient exposés aux exigences excessives et à l'usure des créanciers, les papes savaient mettre bon ordre à cet abus, par exemple en permettant de ne pas payer les dettes contractées par l'abbé d'un monastère contre le gré de ses religieux ou dont les sommes avaient été utilisées pour autre chose que le bien du couvent.

VI. — CONFLIT AU SUJET DE LA JURIDICTION TEMPORELLE DE LYON.

Une des questions les plus épineuses de l'histoire de Lyon au moyen âge est, sans contredit, la querelle élevée entre l'archevêque, le chapitre et les bourgeois de Lyon au sujet de la juridiction temporelle de cette ville. Cette étude a déjà été faite par Bonnassieux (4). Il suffira ici d'en rappeler les phases principales. Le gouvernement de la ville appartint à l'origine à l'archevêque seul : c'est à lui que sont adressés les diplômes impériaux et royaux de l'époque carolingienne. Plus tard, le Chapitre s'enrichit considérablement et devint, par là même, seigneur temporel à Lyon et dans les environs ; dans la suite des temps, il eut ainsi une part réelle dans l'administration de la ville, et dut en arriver à des transactions avec l'archevêque. Tout cela ne devait pas durer longtemps par suite de l'intervention de la bourgeoisie lyonnaise.

A la vérité, l'idée communiste ne se fit jour à Lyon qu'assez tard. Le cartulaire appelé de Villeneuve en contient les premières mentions officielles vers 1175. Au milieu du XIIIe siècle, les bourgeois de Lyon ne se contentaient plus des premières concessions et en réclamaient d'autres plus importantes. Gré-

(1) N° 1282. — (2) N° 2073. — (3) N° 2136. — (4) *La Réunion de Lyon à la France.*

goire X, qui avait été chanoine de Lyon et connaissait bien la situation, intervient après plusieurs autres papes en vue de porter remède à cet état de chose. Les principaux actes qu'il élabore à ce sujet sont les suivants. En avril 1273, il fait savoir que pour apaiser les conflits élevés entre les chapitres des églises Saint-Jean et Saint-Just, d'une part, et les citoyens de Lyon d'autre part, il décide que toute rancune et injustice seront écartées des deux côtés, qu'on détruira les fortifications élevées dans la ville par les citoyens ; que ceux-ci ne pourront avoir le sceau commun, ni placer dans les rues, sans le consentement de l'archevêque, des chaînes, des barres et autres obstacles, ni s'assembler sous quelque prétexte que ce soit ; en outre, les habitants devront payer 7.000 livres viennois pour réparer les dommages causés aux maisons des chanoines et des clercs de la cathédrale, de Saint-Just, de Saint-Thomas de Fourvière, d'Ecully, etc. (1).

Le 11 novembre de l'année suivante, Grégoire X déclare que, poussé par son affection pour l'église de Lyon qu'il a autrefois servie comme chanoine, il désire apaiser le différend élevé entre Aimard, archevêque de cette ville, d'une part, et le doyen, le chapitre, Hugues sénéchal, Henri de Villars chantre de Lyon, d'autre part ; il décide donc, suivant le compromis passé entre les deux partis et dont le texte est inséré dans la bulle, que la juridiction temporelle de la ville appartient à l'archevêque et en partie, au chapitre, en raison du droit que ce chapitre a acquis du comte de Forez et qu'on appelle le comté (*comitatus*). Pour écarter tout sujet de discorde entre les deux partis, le pape veut qu'il n'y ait, dans la ville, qu'un seul tribunal (*curia*) et qu'il dépende de l'archevêque (2).

Ces deux transactions ne mirent pas fin aux luttes intestines, ecclésiastiques et civiles, qui se déroulaient à Lyon. D'ailleurs, le roi de France y prend pied peu à peu : son bailli, à Mâcon, intervient constamment, sur la fin du xiii° siècle, pour calmer les ardeurs des partis en présence, jusqu'à ce que, en 1315, la réunion de Lyon à la France mette fin à toute compétition.

<h2 style="text-align:center">VII. — NOMBREUX CONCILES ET SYNODES A LYON ET DANS LE DIOCÈSE.</h2>

Les conciles et synodes de Lyon ont eu naturellement tous mes soins. Il m'a été possible de recueillir vingt-huit conciles

(1) N° 1566. — (2) N° 1903.

de Lyon et huit d'Anse, dont quelques-uns ne sont pas mentionnés dans les collections générales. Plusieurs ont eu une réelle importance, et notamment les deux conciles œcuméniques dont il va être question.

Il n'est point difficile de trouver le motif qui, par deux fois, poussa le Saint-Siège à choisir notre ville pour y tenir un concile général. Lyon eut ceci de particulier de dépendre, jusqu'au xive siècle, uniquement de ses archevêques et de son chapitre.

Lyon était donc une ville libre et indépendante aussi bien du royaume de France que du saint-empire, malgré quelques prétentions dressées par ce dernier au xie siècle. De plus, la position de Lyon était, à cette époque, relativement centrale entre l'Italie, l'Espagne, la France, l'Angleterre et les pays germaniques. Enfin, notre ville pouvait offrir l'hospitalité à un grand nombre d'évêques par suite de la richesse de son chapitre primatial et du nombre et de l'importance de ses monastères. C'est ainsi, notamment, qu'Innocent IV put vivre, durant des années, avec toute sa cour, dans les bâtiments du chapitre de Saint-Just.

Il paraît donc naturel que les souverains pontifes, surtout lorsqu'ils se trouvaient gênés en Italie par les événements politiques, pensassent à choisir Lyon pour la tenue des conciles généraux.

VIII. — PREMIER CONCILE ŒCUMÉNIQUE DE LYON (1245). — RESTITUTION DE LA LISTE DES ASSISTANTS.

Le premier d'entre eux, celui de 1245, eut, comme on le sait, pour origine, la persécution exercée contre le saint-siège par Frédéric II. Il ne peut être question de rappeler ici, même sommairement, l'histoire des querelles du sacerdoce et de l'empire ; je la prendrai seulement à l'époque où s'ouvrit le concile œcuménique de Lyon. Il n'entre pas non plus dans mon intention de justifier tous les actes d'Innocent IV. Il suffira d'indiquer qu'avant lui, Grégoire IX avait déjà été obligé d'excommunier l'empereur.

Le concile de Lyon ne put, par suite de l'hostilité de Frédéric II, qu'être bien incomplet. Les historiens varient pour le nombre des prélats qui y assistèrent : la chronique de Saint-Pierre d'Erfurt, par exemple, en compte deux cent cinquante; l'annaliste Mencon parle de trois patriarches, trois cents évêques et de nombreux prélats. A l'aide des registres pontificaux et des chroniqueurs contemporains, je me suis efforcé de rétablir les noms des évêques, et, si je n'ai pu dresser la liste complète, du moins suis-je arrivé à retrouver les noms de bon nombre d'assistants.

Les voici, par ordre de dignité :

Le pape Innocent IV ;

Pierre de Colmieu-en-Brie, cardinal évêque d'Albano ;
Otton le Blanc, cardinal évêque de Porto et Ste-Rufine ;
Guillaume, cardinal évêque de la Sabine ;
Guillaume de Tailiante, prêtre cardinal des Douze Apôtres ;
Jean de Tollet, prêtre cardinal de St-Laurent *in Lucina* :
Pierre de Bar, prêtre cardinal de St-Marcel ;
Hugues de St-Cher, prêtre cardinal de Ste-Sabine ;
Gilles ou Egidius, diacre cardinal des Saints-Côme-et-Damien ;
Guillaume Fieschi, comte de Lavania, diacre cardinal de St-Eustache ;
Pierre Capocci, diacre cardinal de St-Georges *in Velabro ;*
Jean Cajetan des Ursins, diacre cardinal de St-Nicolas *in carcere Tulliano ;*
Octavien Ubaldini, diacre cardinal de Ste-Marie *in via lata :*
Maître Marin ou Martin, vice-chancelier de l'église Romaine ;

Albert Rezato, patriarche latin d'Antioche ;
Berthold, patriarche d'Aquilée ;
Nicolas Ier de Castro Arquato ou de Plaisance, patriarche latin de Constantinople ;

Jean, archevêque d'Arles ;
Albert, archevêque d'Armagh ;
Ispan, archevêque d'Auch ;
Marin, archevêque de Bari ;
Guillaume, archevêque de Besançon ;
Girard, archevêque de Bordeaux ;
Philippe, archevêque de Bourges ;
Jean, archevêque de Braga ;
Boniface, archevêque de Cantorbéry ;
Conrad de Hochstaden, archevêque de Cologne ;
Jean, archevêque de Compostelle ;
Aimar de Bernin, archevêque d'Embrun, s'était rendu à Lyon, mais il meurt avant l'ouverture du concile ;
Aimeric, archevêque de Lyon ;
Soffroy, archevêque de Mayence ;
Léon, archevêque de Milan ;
Bérard, archevêque de Palerme et envoyé de Frédéric II ;
Vital, archevêque de Pise ;
Joel, archevêque de Reims ;
Odon, archevêque de Rouen ;
Gilles Ier Cornut, archevêque de Sens ;
Pierre, archevêque de Tarragone :
Geoffroy, archevêque de Tours ;
Jean Ier de Bournin, archevêque de Vienne ;
Pierre, archevêque du rit ruthène ;

Pierre, évêque de Barcelone ;
Robert de Cressonsart, évêque de Beauvais ;
Waleran, évêque de Béryte ;
Edouard, évêque de Calvi en Apulie ;

Geoffroy II de Grandpré, évêque de Châlons-sur-Marne ;
Henri de Grès, évêque de Chartres.
Hugues de la Tour, évêque de Clermont ;
Roger de Wescham, évêque de Coventry et Lichfield ;
Jean II de la Cour d'Aubergenville, évêque d'Evreux ;
Hugues, évêque de Langres ;
Robert, évêque de Liège ;
Robert Grossetête, évêque de Lincoln ;
Arias, évêque de Lisbonne ;
Guillaume I⁰ʳ de Casouls, évêque de Lodève ;
Guercius, évêque de Lucques ;
Benoît, évêque de Marseille ;
Albert, évêque de Modène ;
Galeran, évêque de Nantes ;
Raymond, évêque de Nîmes ;
Jean, évêque de Poitiers ;
Nicolas, évêque de Prague ;
Pierre Giorgi, évêque de Recanati ;
David, évêque de Saint-Andrews ;
Adam Iᵉʳ de Chambly, évêque de Senlis ;
Henri de Stahleck, évêque de Strasbourg et envoyé de Frédéric II ;
Raymond IV de Felgar, évêque de Toulouse ;
Ulric, évêque de Trieste ;
Gautier, évêque de Worchester ;
Landulphe de Hoheneck, évêque de Worms ;
Boniface, abbé de Cîteaux ;
Etienne, abbé de Clairvaux ;
Guillaume, abbé de Cluny ;
Opizon, abbé de Mezano ;
Simon, abbé de Saint-Bertin ;
Guillaume Dongres, prieur de Grandmont ;
Crescenzio de Grizzi dans la Marche d'Ancône, général des frères
Mineurs, trop âgé pour assister au concile, envoie, pour le repré-
senter, Jean de Parme, théologien, et Bonaventure, vicaire du géné-
ral des frères Mineurs ;
Thomas le Toscan dit de Pavie, provincial des frères Mineurs
de Toscane ;
Jean, général des frères Prêcheurs ;
Ascelin, frère Prêcheur ;

Gui de Mellot, doyen d'Auxerre ;
Jacques Erlandi, prévôt de Lund, représentant Erik IV, roi de
Danemark ;
Maître Pierre, archidiacre d'Aarhuus, représentant le même Erik IV ;
Thédald Visconti, archidiacre de Liège, ancien chanoine de Lyon,
devenu plus tard Grégoire X ;
Gui *de Triangulo*, chanoine de Verdun, représentant Rodolphe de
Torote, évêque de Verdun ;

Baudoin II, empereur latin de Constantinople ;
Raymond VII, comte de Toulouse ;
Raymond-Bérenger IV, comte de Provence ;
Thaddée de Suessa, Guillaume d'Ocra, le marquis de Frohburg,
Pierre de la Vigne et Hermann ou Hugues, maître de l'ordre des
Chevaliers Teutoniques, comme ambassadeurs de Frédéric II ;
Hugues de Flisco et Simon de Marino, ambassadeurs de la com-
mune de Gênes ;
Guillaume de Powic et les autres procureurs du royaume d'Angle-
terre.

Il ne vint au concile qu'un très petit nombre de prélats d'Allemagne, par crainte de Frédéric II, aucun évêque du royaume de Hongrie, lequel était dévasté par les Tartares, aucun de Sicile, sauf Bérard, archevêque de Palerme, envoyé par l'empereur, aucun enfin de la Terre-Sainte.

Pour résumer en quelques mots cette longue liste, j'ai pu retrouver une centaine de noms de prélats ou seigneurs, dont 38 de la France, 30 de l'Italie, 11 de l'Allemagne ou des pays du Nord, 8 de l'Angleterre, 5 de l'Espagne et 5 de l'Orient latin.

IX. — PROCÈS-VERBAL DE CETTE ASSEMBLÉE CONCILIAIRE.

Innocent IV était arrivé à Lyon le 2 décembre 1244. Dès le début de 1245, il s'occupa d'envoyer aux évêques et aux princes les invitations à assister au concile. Lorsque la majorité des prélats furent présents, on tint, le 26 juin, dans le réfectoire du chapitre de Saint-Just, une réunion préparatoire dans laquelle les évêques anglais demandèrent la canonisation d'Edmond, archevêque de Cantorbéry ; mais on remit à plus tard l'étude de cette question. Le concile proprement dit s'ouvrit le 28 juin dans la grande église Saint-Jean. On ne saurait mieux faire pour donner une idée de cette auguste assemblée, que de transcrire une partie du procès-verbal officiel dressé de suite après la tenue du concile.

La veille de saint Pierre, apôtre, ayant réuni le concile dans la grande église, le pape célébra la messe, puis monta sur un siège élevé. A sa droite, s'assied l'empereur de Constantinople, à gauche les autres princes séculiers, les cardinaux diacres, maître Martin de Naples, vice-chancelier, avec les notaires, l'auditeur, le correcteur, les chapelains, les sous-diacres et certains personnages. Plus bas siégèrent les prélats. Du côté opposé se rangèrent trois patriarches, celui de Constantinople à droite, puis celui d'Antioche et, en troisième lieu, celui d'Aquilée. Au sujet de ce dernier, il s'éleva une querelle, parce qu'il n'aurait pas dû, à ce que prétendaient les autres patriarches, siéger près d'eux, puisqu'il ne faisait pas partie du nombre des quatre patriarches. Son siège fut donc enlevé ; mais, pour éviter un scandale, il fut rétabli, sur l'ordre du pape, à ce qu'on croit.

Dans la nef de l'église, du côté droit et sur des sièges plus élevés, prirent place les cardinaux évêques, à gauche les cardinaux prêtres, les archevêques et, derrière eux, les évêques. Sur les sièges placés dans la nef de l'église prirent place quelques évêques, les abbés, les procurateurs des chapitres, les ambassadeurs des rois, même ceux de l'empereur Frédéric, ainsi que beaucoup d'autres personnages. Le pape entonna alors le *Veni Creator* que tous chantèrent en commun, puis il dit : *Dominus vobiscum ;* tous répondirent : *Et cum spiritu tuo.* Après *Oremus,* le cardinal Ægidius prononça le *Flectamus genua,* et le cardinal Octavien répondit : *Levate,* puis le pape récita l'oraison propre. Après cette oraison, le chapelain Galeatius commença les litanies, après lesquelles le pape dit : *Oremus* et récita l'oraison du Saint-Esprit : *Deus qui corda fidelium,* mais il ne dit pas *Dominus vobiscum.*

Ces cérémonies étant achevées, le pape prêcha sur le texte du prophète : *Secundum multitudinem dolorum meorum in corde meo, consolationes tuæ lætificaverunt animam meam,* disant que sa douleur était multiple, puisque cinq douleurs étreignaient son cœur. La première venait de la mauvaise conduite des prélats et des fidèles ; la seconde de l'insolence des Sarrasins ; la troisième du schisme grec ; la quatrième de la cruauté des Tartares ; la cinquième de la persécution de l'empereur Frédéric.

Il revint sur le premier grief, la mauvaise conduite des prélats et des fidèles, qui n'étaient plus comme autrefois, ni tels qu'ils devaient être ; il parla longuement de leurs excès. Au sujet de l'insolence des Sarrasins, il rapporta les rumeurs qui annonçaient les malheurs survenus au-delà des mers, à savoir que ceux-ci s'étaient emparés de Jérusalem, avaient détruit le sépulcre du Seigneur et les autres lieux saints de ces contrées, mis à mort un nombre infini de chrétiens ; en un mot, il rappela leurs forfaits dans ces régions.

Sur le schisme grec, il fit connaître que l'empereur Vatace et les grecs schismatiques s'étaient emparés de tous les territoires presque jusqu'à Constantinople et avaient tout détruit sur leur passage ; on pouvait même craindre pour la ville, si les chrétiens ne volaient pas à son secours. Quant à la cruauté des Tartares, le pape rappela qu'ils étaient entrés sur les territoires chrétiens, avaient occupé la Hongrie, tuant tout, sans égard pour le sexe ni pour l'âge. Enfin, relativement à la persécution de l'empereur Frédéric, il raconte la haine de celui-ci contre l'Eglise et contre le pape précédent Grégoire. Sans doute, dans les lettres que l'empereur répandait dans l'univers, il disait publiquement que ce n'était pas l'Eglise, mais la personne du pontife qu'il persécutait ; mais cela était faux, puisqu'il était clairement reconnu que, pendant la vacance du Saint-Siège, il n'avait cessé de molester l'Eglise ; bien plus, à l'heure actuelle, il persécutait davantage encore le clergé et l'Eglise.

Lorsque le pape eut longuement parlé de cette douleur, il fit donner lecture d'un privilège, scellé d'une bulle d'or, concédé à son prédécesseur Honorius par le même empereur, lorsqu'il n'était encore que roi. Ce privilège contenait, entre autres choses, ce fait que Frédéric avait prêté serment de fidélité au pape, comme un vassal à son seigneur. Le souverain pontife fit lire encore un autre privilège dans lequel Frédéric affirmait que le royaume de Sicile et d'Apulie était le patrimoine propre du bienheureux Pierre et qu'il l'avait reçu en feude, de la part de l'Eglise, qu'il reconnaissait ce fait et en donnait acte, ajoutant que s'il avait pris un certain droit dans les élections des églises de ce royaume, il rendait ces mêmes églises libres, franches et exemptes de toute redevance. Le pape fit encore lire plusieurs autres privilèges, scellés de bulles d'or, accordés à l'Eglise par Frédéric alors qu'il était roi, puis empereur, dans lesquels on lisait que lui, Frédéric, donnait, accordait, concédait et confirmait tout le territoire s'étendant du *castrum Radicofanum* jusqu'au *castrum Ceperanum*, la marche d'Ancône, le duché de Spolète, l'exarchat de Ravenne, la Pentapole, le comté des *Brittenori* et la terre de la comtesse Mathilde. Les chartes contenaient encore beaucoup d'autres choses.

Aussitôt le juge Thadée, l'un des ambassadeurs de l'empereur, se leva, répondit à chacune des assertions du pape et présenta la défense de l'empereur d'une manière admirable. Il cita des méfaits nombreux qui, disait-il, avaient été tramés à l'instigation de l'Eglise contre l'empereur; il produisit, à ce sujet, plusieurs chartes, si bien que ses raisons plurent à un grand nombre. Mais le pape, comme s'il avait prévu ces objections, répondit à chacune d'elles et excusa l'Eglise et sa personne. Ainsi se termina la session de ce jour.

La seconde session eut lieu le mercredi, huit jours après la première; tout s'y passa, pour les préséances et les cérémonies, comme dans la première. Après quoi l'évêque de Calvi, cistercien d'Apulie, qui était alors exilé, se leva et fit une description saisissante de la vie perverse de l'empereur, ainsi que des progrès honteux que, depuis son enfance, il avait accomplis dans le mal. L'évêque découvrit et révéla les projets de l'empereur, lesquels tendaient surtout à ramener les prélats et le clergé à l'état de pauvreté où ils se trouvaient au temps de la primitive Eglise. Ceci, du reste, était manifeste dans les écrits qu'il envoyait de toute part contre l'Eglise et le clergé.

Après lui, un archevêque d'Espagne prit la parole et engagea vivement le pape à procéder contre l'empereur; il rappela plusieurs des vexations de celui-ci contre l'Eglise, ajoutant que tout son désir était d'humilier le clergé autant qu'il le pourrait. Au reste, lui-même et les autres prélats d'Espagne, qui étaient venus au concile en plus grand nombre et avec plus de magnificence que ceux d'aucune autre nation, promettaient au pape de l'assister de leurs personnes et de leurs biens au gré des désirs du pontife. De nombreux prélats firent les mêmes promesses.

Alors le juge Thadée prit la parole et avança plusieurs graves graves accusations contre l'évêque de Calvi, disant que ce n'était point par esprit de justice, mais par malveillance, qu'il accusait ainsi l'empereur; que celui-ci l'avait puni, lui et les siens, pour ses débordements publics. On ne fit rien de plus dans cette seconde session. Toutefois, le juge Thadée demandait avec instance qu'on retardât la troisième session, parce que l'empereur était en route pour le concile, ainsi que lui, Thadée, le tenait d'envoyés dignes de foi : du reste, l'empereur, qui se trouvait à Turin, lui en avait envoyé la nouvelle par plusieurs autres ambassadeurs. Or, le pape, désirant ardemment pouvoir renouer avec l'empereur les liens de la paix, renvoya, malgré l'avis de nombreux prélats, la troisième session au lundi après l'octave de la deuxième session qui s'était tenue un mercredi. Ceci ne laissa pas de causer quelque mécontentement à de nombreux prélats, aux Templiers et aux Hospitaliers qui avaient pris soin de préposer à la garde du pape et du concile un grand nombre d'hommes d'armes. De graves inconvénients se faisaient sentir à cause de la multitude des foules, comme aussi le malaise causé dans la ville par ce nombre d'hommes d'armes gardant la cité jour et nuit. C'est pourquoi le pape, assuré que l'empereur ne viendrait pas au concile et qu'il n'enverrait aucun prince porteur d'un mandat suffisant, tint la troisième session au lundi fixé.

Les offices eurent lieu comme dans la première session, puis de nombreuses observations furent faites et écoutées de part et d'autre. Avant que d'en arriver à prononcer la sentence (de déposition), le souverain pontife décida, avec l'assentiment du concile, que désormais on ajouterait une octave solennelle à la fête de la Nativité de la bienheureuse et glorieuse Vierge. Puis il fit lire certaines constitutions sur le rachat de la Terre-Sainte, d'autres en faveur des redevances dues à l'empire Romain, d'autres enfin portées contre les Tartares. Après cela, le pape annonça qu'il avait fait transcrire, sur un modèle identique, tous les privilèges concédés à l'Église Romaine par les princes de ce monde, tant empereurs que rois : il y fit apposer le sceau de chacun des prélats présents au concile ; il donnait par là à ces copies la même autorité dont jouissaient les originaux lus en séance. Les ambassadeurs du roi d'Angleterre se levèrent et en appelèrent au futur pape, au sujet de l'authenticité de certains privilèges accordés à l'Église par le roi d'Angleterre, mais, ajoutaient les ambassadeurs, contre le gré des princes. (On pouvait toutefois prouver, par les chartes elles-mêmes, la fausseté de cette assertion). Ils en appelèrent aussi au sujet de certaines constitutions destinées à fournir des subsides à l'Église.

Alors le juge Thadée se leva ; il sentait que la lecture des nombreux privilèges était comme une cognée menaçant l'arbre. Aussi déclarat-il, que si on voulait procéder contre l'empereur il en appellerait au futur pape et au concile général. Le souverain pontife répondit à cela avec humilité et bienveillance ; il assura notamment que le présent concile était bien un concile général, puisque les princes séculiers y avaient été invités aussi bien que les prélats. Toutefois il n'avait pas été possible à tous ceux qui se trouvaient sous la juridiction de l'empereur de se rendre au concile. En somme, on ne pouvait admettre la légitimité de cet appel au futur pape. Le souverain pontife rappela combien, avant d'être pape, il avait aimé l'empereur, combien, plus tard, il lui avait pardonné ; même, depuis la réunion du concile, il l'avait honoré plus qu'on ne pouvait le dire, au point que plusieurs se refusaient à croire qu'il allait porter contre lui un jugement.

Alors le pape parla à voix basse et porta contre l'empereur une sentence, laquelle le privait de tout honneur, de l'empire, ainsi que de ses autres royaumes. La sentence une fois transcrite fut lue au concile, puis le pape se leva, entonna le *Te Deum ;* l'hymne achevé, on termina le concile. Il faut remarquer que le pape, dans ces circonstances, demanda conseil à chaque prélat, pour savoir s'il pouvait et devait procéder pour les crimes reprochés à l'empereur ; or, tous furent d'avis de le déposer. Aussitôt le souverain pontife faisait apposer le sceau de chaque évêque à la sentence écrite : c'est ainsi que lors de la proclamation de la déposition, environ cent cinquante sceaux y avaient été apposés.

X. — PRINCIPALES DÉCISIONS DU CONCILE

Tel fut ce concile mémorable qui demeure dans l'histoire comme un des actes les plus considérables de la lutte entre le sacerdoce et l'empire.

Si le concile général de Lyon fut réuni principalement pour résister à Frédéric II, il n'omit pas de s'occuper du spirituel. C'est ainsi qu'on y obligea les Cisterciens à payer les dîmes (1), qu'on y approuva la règle de Grandmont (2), qu'on déposa Conrad, évêque intrus d'Olmütz (3), qu'on décida l'institution de l'octave de la fête de la Nativité (4), enfin et surtout qu'on prépara les constitutions dites du concile de Lyon et insérées, plus tard, par Boniface VIII, dans le VI° livre des décrétales (5). Une des principales obligations de ces constitutions était le prélèvement du vingtième sur tous les bénéfices, et cela pendant trois ans, pour secourir la Terre-Sainte (6) : les envoyés du clergé d'Angleterre, en gens pratiques, refusèrent de souscrire à ce décret (7), mais il est probable qu'ils durent quand même s'y soumettre plus tard.

Un point de ce concile qui intéresse tout particulièrement le chapitre primatial, c'est la décision que prirent les cardinaux de se couvrir désormais du chapeau rouge (8). La tradition lyonnaise veut que cette initiative ait été prise par ces princes de l'Eglise pour imiter les chanoines de Lyon auxquels le port du chapeau rouge donnait, dit-on, prestance et majesté. Il faut avouer que les historiens contemporains ne parlent pas de cette origine lyonnaise du chapeau cardinalice et se contentent d'affir-

---

(1) N° 1063. — (2) N° 1064. — (3) N° 1071. — (4) N° 1076. — (5) N° 1079. (6) N° 1082. — (7) N° 1083. — (8) N° 1068.

mer que le pape, en le leur imposant, voulut par là leur incul-
quer la nécessité de répandre, au besoin, leur sang pour la
défense de l'Eglise. Cette raison mystique ne nous apprend
malheureusement rien au point de vue historique.

Le concile de Lyon avait bien voté la déposition de Frédéric II, mais le pape manquait des moyens matériels — et notamment d'une armée considérable — nécessaires à l'exécution de
ce décret. Aussi Innocent IV dut-il demeurer à Lyon. Frédéric II eut, un moment, la pensée de venir l'y attaquer (1), mais
il renonça, on ne sait pourquoi, à ce projet. D'autre part, le
comte de Savoie refusa de laisser passer sur ses états une armée
envoyée par le Saint-Siège contre l'empereur (2). La solution du
conflit se produisit par la mort de Frédéric II : le pape put quit-
ter Lyon et retourner en Italie (3).

XI. — Heureux effets du séjour d'Innocent IV a Lyon

Le séjour d'Innocent IV à Lyon marqua d'une façon heureuse
une ère de prospérité. De grands travaux s'accomplissaient à
cette époque dans notre ville, notamment la construction des
églises Saint-Jean et Saint-Just et du pont de la Guillotière. Le
chapitre primatial (4) et celui de Saint-Just (5) obtinrent du pape
plusieurs bulles d'indulgences en faveur de ceux qui contribue-
raient à la construction de ces vastes monuments. Des délégués
furent envoyés par toute la France et jusqu'en Angleterre pour
solliciter des aumônes, dont l'abondance fit faire un pas décisif
à ces édifices. On peut en dire autant de l'église des frères Prêcheurs (6) et d'autres monuments religieux. Enfin Innocent IV
avait tenu à procéder lui-même à la consécration du maître-
autel des églises Saint-Jean et Saint-Just (7).

Lyon posséda, sur le Rhône, un pont de bois jusqu'au xiie siècle. Vers l'an 1190, il se rompit sous le passage des troupes de
Richard Cœur-de-Lion qui se rendaient à la croisade. Quelques
années auparavant, en 1184 ou 1185, Lucius III mandait aux
évêques et doyens des églises que frère Etienne avait décidé
d'élever un pont sur le Rhône à Lyon et leur ordonnait, en conséquence, d'engager, une fois par an, les fidèles à venir en aide
à cette œuvre par leurs aumônes (8). Au milieu du xiiie siècle,
les travaux étaient en pleine activité et on trouvera dans le bul-

(1) N°s 1159-61. — (2) N^e 1162. — (3) N° 1299. — (4) N°s 1125, 1130,
1154-5, 1183 et 1260. — (5) N°s 1193-4, 1202, 1206, 1307-9, 1333, 1361 et
1366-7. — (6) N° 947. — (7) N°s 1156 et 1278. — (8) N° 663.

laire plusieurs pièces montrant combien Innocent IV s'occupa de cette œuvre d'intérêt public (1).

Je me permets d'insister sur cette très utile et même généreuse intervention du Saint-Siège dans les travaux d'utilité publique. A cette époque, le pouvoir civil ne jouissait pas encore de la puissance que lui confère aujourd'hui et la centralisation et la levée normale des impôts : on peut donc féliciter le pouvoir ecclésiastique d'avoir pris une constante initiative à ce sujet. Au surplus, l'exemple d'Innocent IV fut renouvelé par d'autres papes.

Le 5 mars 1291, Nicolas IV ordonne à l'abbé de Saint-Ruf de Valence, au prieur de Notre-Dame de la Platière de Lyon et au prieur de Saint-Jacques de *Melgorio*, au diocèse de Maguelonne, de faire servir au monastère Saint-Ruf de Valence, et cela pendant six ans, la dîme que le Saint-Siège lui a accordée pour des travaux de défense contre le Rhône (2).

L'enseignement ne fut pas non plus négligé. Dès son arrivée à Lyon, Innocent IV établit à la cour pontificale un *studium*, sorte d'université (3) qui dut, sans doute, atteindre à une prospérité relative.

Enfin, par suite du mouvement considérable causé par les évêques qui se rendaient, des pays les plus éloignés, à la cour pontificale, Lyon était devenu une sorte de ville cosmopolite, une Rome nouvelle.

XII. — SECOND CONCILE ŒCUMÉNIQUE DE LYON (1274). — RESTITUTION DE LA LISTE DES ASSISTANTS.

Le second concile de Lyon n'est pas sujet aux mêmes critiques que le premier : il ne fut en effet nullement politique. Présidé par un pape qui, dans sa jeunesse, avait été chanoine de Lyon, notre ville y fut également représentée par Pierre de Tarentaise, ancien archevêque de Lyon, que Grégoire X venait de nommer cardinal évêque d'Ostie. Ce fut une des plus nombreuses assemblées conciliaires qu'on eût jamais vues. Les chroniqueurs sont généralement d'accord pour fixer les nombres suivants : cinq cents évêques, soixante abbés et plus de mille autres prélats ou procureurs. Je me suis efforcé, comme pour le concile de 1245, de rechercher, dans les actes officiels et dans les historiens contemporains, les noms de ces évêques ou autres grands personnages.

(1) N°s 1157 et 1422. — (2) N° 2074. — (3) N° 1043.

Voici la liste que j'ai pu en dresser (1) :

Le pape Grégoire X ;

Frère Pierre de Tarentaise, dominicain, cardinal évêque d'Ostie et Velletri ;
Jean de Toleto, cardinal évêque de Porto et Ste-Rufine ;
Bertrand de St-Martin, cardinal évêque de la Sabine ;
Vicedominus de' Vicedomini, cardinal évêque de Palestrina ;
Pierre Julien, cardinal évêque de Tusculum ;
Frère Bonaventure de Fidanza, franciscain, cardinal évêque d'Albano ;
Simon de Brie, prêtre cardinal de Ste-Cécile ;
Guillaume de Bray, prêtre cardinal de St-Marc ;
Simon Paltineri, cardinal prêtre de St-Martin-aux-Monts ;
Ancher Pantaléon, prêtre cardinal de Ste-Praxède ;
Humbert Elci, de Sienne, diacre cardinal de St-Eustache ;
Geoffroy d'Alatri, diacre cardinal de St-Georges *in Velo aureo* ;
Ottobonus Fieschi, diacre cardinal de St-Hadrien ;
Jacques Savelli, diacre cardinal de Ste-Marie *in Cosmedin* ;
Matthieu Orsini, diacre cardinal de Ste-Marie *in Porticu* ;

Opizon Fieschi, patriarche latin d'Antioche ;
Pantaléon Giustiniani, patriarche latin de Constantinople ;

Gislebert, archevêque de Brême ;
Robert de Kilverby, frère Prêcheur et archevêque de Cantorbéry ;
Marin d'Eboli, archevêque de Capoue ;
Engelbert de Falkenbert, archevêque de Cologne ;
Jean Roux, archevêque de Drontheim ;
Aimar de Roussillon, archevêque de Lyon ;
Conrad II de Sternberg, archevêque de Magdebourg ;
Werner d'Eppenstein, archevêque de Mayence ;
Réginald de Leontino, frère Prêcheur et archevêque de Messine ;
L'archevêque de Nicosie ;
Pierre Ier Barbet, archevêque de Reims, et trois de ses suffragants ;
Odon II Rigaud, archevêque de Rouen ;
Pierre de Charny, archevêque de Sens ;
Bernard de Olivella, archevêque de Tarragone ;
Raymond de Fulgario, frère Prêcheur, archevêque de ... (siège indéterminé, mais non pas Toulouse) ;
Henri de Vistingen, archevêque de Trèves ;
Bonacourt, archevêque latin de Tyr ;
Gui II d'Auvergne, archevêque de Vienne ;
Les archevêques grecs de Calabre :

Laurent, frère Prêcheur et évêque d'Acerenza ;
Crescent de la Cava, frère Prêcheur et évêque d'Alatri ;
Arnaud de Gurb, évêque de Barcelone ;
Herbord, frère Prêcheur et évêque de Bergame ;
Askatinus, évêque de Bergen ;
Brunon de Bullenstetten-Kirchberg, évêque de Brixen ;
Serulus ou Sorleone de Gênes, frère Prêcheur et évêque de Brugnato ;
Bernard de Canpendu, évêque de Carcassonne ;
Roger Calcagnus, frère Prêcheur et évêque de Castro ;
Thierry Borgognoni, frère Prêcheur et évêque de Cervia ;

(1) N°s 1649-1762. Récemment, j'ai pu encore retrouver plusieurs noms nouveaux qui ne figurent pas dans le bullaire.

François, frère Prêcheur et évêque de Césène ;
Jean d'Enstall, évêque de Chiemse ;
Gui de la Tour, frère Prêcheur et évêque de Clermont ;
Robert Stitchill, évêque de Durham ;
Hildebrand de Moern, évêque d'Eichstaedt ;
Philippe Ier de Chaourses, évêque d'Evreux ;
Thomas Morand de Segni, frère Prêcheur et évêque de Fano ;
Paparon de' Paparoni, frère Prêcheur et évêque de Foligno ;
Aimon III de Monthonay, évêque de Genève ;
Raymond Gallus, frère Prêcheur et évêque de Grasse ;
Otton, évêque de Hildesheim ;
Jacques, évêque de Huesca ;
Arnoul, frère Prêcheur et évêque d'Humana ;
L'évêque latin de Jaffa ;
Henri de Geldern, évêque de Liège ;
Barthélemy Varellus, frère Prêcheur et évêque de Lipari ;
Frère Pierre de Fontana dei Angiorelli, évêque de Lucques ;
Ferdinand Arias, évêque de Lugo (1) ;
Thomas de Catinpré, frère Prêcheur et évêque de *Lusentin.* ;
Bérenger Frédol, évêque de Maguelonne ;
Widego de Wur, évêque de Meissen ;
Guillaume Durand, évêque de Mende ;
Otton de Malisaxo ou de Stendal, frère Prêcheur et évêque de Minden ;
Frédéric de Torgau, évêque de Mersebourg ;
Laurent de Leistenberg, évêque de Metz ;
André, évêque d'Oslo ;
Pierre de Morey, frère Prêcheur et évêque de Palma de Majorque ;
Etienne II Tempier, évêque de Paris ;
Paul le Polonais, frère Prêcheur et évêque de Posen ;
Frère Carbrick O'Scoba, évêque de Raphoé en Irlande ; il meurt le 9 mai, surlendemain de l'ouverture du concile ;
Albert-le-Grand, frère Prêcheur et ancien évêque de Ratisbonne ;
Léon Thundorfer, évêque de Ratisbonne ;
L'évêque de Rhodes ;
Pierre Bernard, frère Prêcheur et évêque de Ste-Agathe-des-Goths ;
Maitre Robert de Wichehampton, évêque de Salisbury ;
Petrus Ximenez de Segura, évêque de Segorbe (2) ;
Robert III de Cressonsart, évêque de Senlis ;
Richard, évêque de Sodor (3) ;
Conrad de Lichtenberg, évêque de Strasbourg ;
Jacques d'Orvieto, frère Prêcheur et évêque de Sulmone ;
Simon de Léontino, frère Prêcheur et évêque de Syracuse ;
Henri Ier de Muris, évêque de Térouanne ;
Paul, frère Mineur et évêque de Tripoli de Syrie ;
André d'Albalate, frère Prêcheur, évêque de Valence (Espagne) et chancelier de Jacques Ier, roi d'Aragon ;
Berthold de Hennenberch, évêque de Würtzbourg ;

Nicolas de Spina, abbé de St-Augustin de Cantorbéry ;
Léon II, abbé de la Cava ;
Guillaume, abbé d'Osney ;

(1) *De las capas que ay o avia para el choro* (ms. xve s.), dans *Boletin de la Comision de monumentos de Orense,* (1900), I, 234.
(2) GAMS, *Series episcoporum,* (1873), p. 69.
(3) GAMS, l. c., p. 197.

Guerric, abbé de Prémontré ;
Aimon, abbé de St-Emmeran de Ratisbonne ;
Frédéric, abbé de St-Paul-hors-les-Murs, près de Rome ;
Jean du Bois de Bosco, abbé de St-Bertin ;
Un religieux du monastère Saint-Modoald de Helmwardeshus, diocèse de Paderborn, délégué par son couvent ;
Guillaume de Verchin, abbé de Vicogne ;

Jean de Verceil, général des frères Prêcheurs ;
Humbert de Romans, ancien maître général des frères Prêcheurs ;
Philippe Benizzi, général de l'ordre des Servites ;
Jean de Constantinople, frère Mineur, pénitencier du pape ;
V. de Morbecca, frère Prêcheur, pénitencier du pape ;
Richard de Mapham, ou Peicham, doyen de Lincoln ;
Albert Gonzaga, frère Mineur, plus tard évêque d'Ivrée ;

Jacques Ier, roi d'Aragon ;
Les ambassadeurs de l'empereur Michel Paléologue et du clergé grec, savoir : Germain, ancien patriarche grec ; Théophane, évêque de Nicée et métropolite de Bithynie ; Georges Acropolite, sénateur et grand logothète ; Nicolas Panaretus, président du vestiaire impérial ; Berrhoeota, grand interprète, et Georges Zinuchi ;
Les ambassadeurs du Khan des Tartares ;
Guillaume de Beaujeu, grand maître du Temple ;
Guillaume de Corcelles, chevalier des Hospitaliers de Saint-Jean-de-Jérusalem ;
Jean de Scarcella, vicaire occidental (*cismarinus*) de l'ordre du Temple ;
Alard de Balari ou Valari, chevalier du Temple ;
Thibaut II, comte de Bar ;
Les ambassadeurs des rois de France, d'Allemagne, d'Angleterre et de Sicile ;
Les procureurs des princes, barons, chapitres et églises ;
Otton de Spire, chancelier de Guillaume Ier, roi des Romains ;
Les envoyés de Hugues III de Lusignan, roi de Chypre et des chrétiens de ce pays, savoir : Bonacourt, archevêque de Tyr ; l'évêque de Jaffa ; Jean de Grély, sénéchal du royaume ; frère Guillaume de Corcelles, religieux Hospitalier ; Jacques Vidan et Enguerand de Jorni ;
Les ambassadeurs de la commune de Gênes ;
Frédéric, burgrave de Nüremberg ;
Geoffroy, comte de *Setinensis* ou *Sennensis* ou *Jennensis*.

Cette statistique indique environ 125 noms, dont 44 prélats et seigneurs d'Italie, 26 d'Allemagne et des pays du nord, 21 de France, 19 de l'Orient (Syrie et Orient latin), 8 de l'Angleterre et 6 de l'Espagne.

XIII. — PROCÈS-VERBAL DE L'ASSEMBLÉE CONCILIAIRE.

Cette magnifique assemblée tint sa première réunion le 7 mai 1274, dans l'église Saint-Jean ; cinq autres sessions s'y succédèrent jusqu'au 17 juillet, date de la clôture. Le nombre des assistants était tel que, dès la seconde session, Grégoire X dut licencier les procureurs des chapitres, les abbés et les prieurs non mitrés sauf ceux qui avaient été convoqués nominativement (1).

Pour ce qui touche aux travaux du concile, je ne saurais mieux faire que de transcrire, par extraits, le procès-verbal officiel qui en fut dressé, en laissant de côté les points dont j'aurai à traiter plus au long.

L'an du Seigneur 1274, au mois de mai, le septième jour de la lune, indiction IIIe, un concile général ayant été assemblé par notre très saint père Grégoire X, souverain et universel pontife de la sainte Église Romaine, à Lyon, dans la cathédrale St-Jean, un jeûne de trois jours fut ordonné, par le pape, à tous ses prélats et chapelains, le cinquième jour avant la session, c'est-à-dire le 2 du même mois. Des sièges avaient été préparés dans la nef. Le pape, vers l'heure de la messe, descendit de sa chambre dans l'église, accompagné de deux cardinaux diacres, suivant la coutume ; un fauteuil lui avait été préparé dans le chœur. Il récita tierce et sexte parce que c'était jour de jeûne, puis un sous-diacre apporta les sandales, le chaussa, tandis que les chapelains récitaient autour de lui les psaumes accoutumés. Le souverain pontife, une fois chaussé, se lava les mains, puis un diacre et un sous-diacre le revêtirent, selon l'usage, des ornements pontificaux de couleur blanche parce qu'on était entre pâques et l'ascension, enfin du pallium comme s'il devait célébrer la messe. Précédé de la croix, il monta au trône préparé et orné et s'assit. Le prêtre qui le servait était Simon (2), prêtre cardinal de Saint-Martin, et le diacre Ottoboni, diacre cardinal de Saint-Hadrien. Au pupitre, il était assisté par le même Ottoboni, par Jacques, diacre cardinal de Sainte-Marie *in Cosmedin ;* (Geoffroy), diacre cardinal de Saint-Georges *ad Velum aureum ;* Humbert, diacre cardinal de Saint-Eustache ; Matthieu, diacre cardinal de Sainte-Marie *in Porticu.* Auprès du pape siégeait Jacques, roi d'Aragon, et se trouvaient plusieurs chapelains revêtus de leur costume. Une fois assis, le souverain pontife fit le signe de croix sur les prélats du concile placés en face de lui sur des sièges élevés et ornés. Au milieu de la nef, siégeaient Pantaléon, patriarche de Constantinople, et Opizon, patriarche d'Antioche ; sur d'autres sièges, à droite du pontife, se trouvaient Jean, cardinal évêque de Porto et Sainte-Rufine ; Pierre, cardinal évêque de Tusculum ; Vicedominus, cardinal évêque de Palestrina ; frère Bonaventure, cardinal évêque d'Albano ; frère Pierre, cardinal évêque d'Ostie et Velletri ; Bertrand, cardinal évêque de la Sabine ; à gauche du pape, Averus, prêtre cardinal de Sainte-Praxède ; Guillaume, prêtre cardinal de Saint-Marc ; Simon, prêtre cardinal de Sainte-Cécile, et à leur suite, à droite et à gauche, les

(1) N° 1773.
(2) Les noms propres qui suivent devront être parfois restitués, corrigés ou complétés d'après la liste des prélats publiée ci-dessus.

primats, archevêques, évêques, abbés, prieurs et autres prélats en grand nombre, sans contestation de préséance, parce que le pape avait déclaré que les places occupées le seraient sans préjudice des droits des églises. Plus bas se trouvaient frère Guillaume, grand-maître des Hospitaliers, et frère Robert, grand-maître des Templiers, accompagnés d'autres religieux des mêmes ordres ; les ambassadeurs des rois de France, d'Allemagne, d'Angleterre et de Sicile, les procureurs d'autres princes, barons, chapitres et églises.

Les chapelains chantèrent l'antienne *Exaudi nos, Domine* ; le pape dit *Oremus* ; Ottoboni et Jacques, à genoux, dirent *Levate* ; enfin le souverain pontife récita à haute voix l'oraison qui se trouve dans l'ordinaire. La litanie mineure fut chantée par un chapelain, tandis que le pape, les cardinaux et les prélats demeuraient à genoux et sans mitre. L'assistance répondait à la litanie, puis le pape se leva, dit *Oremus* ; les cardinaux Jacques et Geoffroy chantèrent *Levate*, et le souverain pontife récita une autre oraison sur le ton de prime. Après quoi, le cardinal Ottoboni salua le pape, lui demanda sa bénédiction, suivant la coutume, et chanta l'évangile de saint Matthieu : *Designavit Dominus Jesus alios septuaginta duos* (Luc, x). Alors le souverain pontife entonna le *Veni, creator Spiritus* et le chanta, avec tout le concile, debout, sans mitre et avec grande dévotion. Puis chacun s'assit et le pape prêcha sur ces mots : *Desiderio desideravi hoc pascha manducare vobiscum, antequam patiar et antequam moriar* (Luc, xxii). Il fit connaître aux prélats son émotion, le vœu de son cœur et les causes pour lesquelles il avait convoqué le concile : secourir la Terre-Sainte, unir les églises grecque et latine et réformer les mœurs. Après le sermon, il se leva, indiqua l'époque de la seconde session et termina ainsi la première. Enfin il se rendit à l'endroit où il avait revêtu les ornements pontificaux, les quitta et récita none.

La même année et le 18 mai, eut lieu la seconde session où les offices se firent comme dans la première, sauf qu'il n'y eut pas de jeûne, qu'Averus servit de prêtre et Jacques de diacre, qu'on y chanta l'évangile selon saint Luc (xiv) : *Vos estis sal terræ*, et qu'on y récita d'autres oraisons prescrites par l'ordinaire. Le pape ne fit pas de sermon, mais une simple allocution pour rappeler ce qui s'était passé dans la première session.

On y lut des constitutions dogmatiques... enfin on décida la première session pour le lundi après l'octave de pentecôte, 28 mai...

Dans l'intervalle de la seconde à la troisième session, frère Jérôme et frère Bonagratia, franciscains, délégués par le Saint-Siège avec deux autres religieux auprès des Grecs, envoyèrent au pape une lettre dont il manifesta une grande joie. Il fit assembler les prélats dans l'église Saint-Jean et devant les évêques revêtus de la chape, Bonaventure, cardinal évêque d'Albano, parla sur ces mots : *Exurge Jerusalem, sta in excelso et circumspice ad orientem et inde collige filios tuos ab oriente usque ad occidentem* (Baruch, v) puis on lut la lettre en question.

Le 7 juin eut lieu la troisième session. Les cérémonies se firent comme dans la première, sauf qu'il n'y eut pas jeûne ; Geoffroy, diacre cardinal de Saint-Georges *ad Velum aureum*, remplit l'office de diacre, on chanta l'évangile de saint Matthieu (VIII) : *Accesserunt ad Jesum discipuli*, et on récita les oraisons indiquées par l'ordinaire. Le roi d'Aragon était absent. Frère Pierre, cardinal évêque d'Ostie, prêcha sur ces mots : *Leva in circuitu oculos tuos et vide : omnes isti congregati sunt venerunt tibi* (ISAÏE, LX), puis on lut certaines constitutions et le souverain pontife parla au concile ; enfin, il permit aux prélats de s'éloigner jusqu'à six lieues de Lyon, on ne fixa pas la date de la session suivante parce qu'on ignorait le jour de l'arrivée des Grecs. Ainsi finit la troisième session...

Le 24 juin arrivèrent les ambassadeurs grecs dont les noms se trouvent dans la lettre adressée au pape. Tous les prélats et leurs familiers, le chamarier et la maison du pape, le vice-chancelier avec les notaires, enfin la maison des cardinaux allèrent au-devant d'eux et les accompagnèrent, avec honneur, jusqu'au palais du pape. Celui-ci se tenait debout dans une salle avec les cardinaux et des prélats ; il donna aux ambassadeurs le baiser de paix, puis ceux-ci présentèrent la lettre de l'empereur scellée d'une bulle d'or et une autre des évêques grecs. Ils affirmèrent qu'ils venaient en toute obéissance à la sainte église Romaine pour reconnaître la foi de celle-ci et sa primauté. Enfin ils se rendirent dans les demeures qui leur avaient été préparées...

Le 4 juillet, arrivèrent les envoyés du roi des Tartares. Les familiers, les cardinaux, et des prélats étaient allés au devant d'eux sur l'ordre du pape ; celui-ci les reçut avec les cardinaux et les évêques ; puis les huissiers pontificaux annoncèrent aux prélats la quatrième session pour le vendredi 6 juillet... Ce jour-là, octave de la fête des apôtres Pierre et Paul, les ambassadeurs grecs furent placés à droite du pape, après les cardinaux. Les cérémonies furent les mêmes que dans la première session ; Humbert, cardinal, chanta l'évangile de saint Matthieu (XIV) : *Jussit Dominus discipulis suis ascendere naviculas.* Pierre, cardinal d'Ostie, qui assistait le pape comme prêtre, prêcha sur ce texte : *Illuminans tu* (Ps. LXXV). Alors le souverain pontife entretint le concile de l'arrivée des Grecs qui, contre l'espérance de presque tous, venaient librement pour obéir à l'église Romaine, reconnaître sa foi et sa primauté, sans demander, en retour aucun avantage temporel : toutefois, certains doutaient de ce dernier point. Le souverain pontife ajouta qu'il avait écrit à l'empereur de venir au concile ou d'y envoyer des ambassadeurs pour traiter des points en litige, que l'empereur spontanément et librement avait accepté la foi et la primauté de l'église Romaine et dans ce but avait envoyé des ambassadeurs comme il était écrit expressément dans la lettre de ce souverain. On lut cette épître, celle des évêques grecs et celle du fils de l'empereur, toutes trois scellées d'une bulle d'or et traduites en latin...

Après le sermon du logothète, le pape entonna le *Te Deum* que les évêques chantèrent debout et sans mitre, avec grande dévotion et des larmes. Un chapelain récita le verset : *Confirma hoc Deus quod operatus es in nobis*, auquel on répondit : *A templo sancto tuo quod est in Jerusalem*. Le pape dit *Dominus vobiscum* ; on répondit : *Et cum spirituo tuo*, puis *Oremus*, sans *Flectamus genua*, enfin l'oraison *Da ecclesiæ tuæ, quæsumus omnipotens Deus, ut sancto Spiritu congregata*, etc., comme il est marqué dans l'ordinaire. Alors le pape entretint le concile en commençant par ces mots : *Desiderio desideravi hoc pascha manducare vobiscum*; puis les ambassadeurs grecs descendirent dans la nef, s'assirent sur des sièges élevés, après les cardinaux prêtres. Le pape sans mitre entonna le *Credo* en latin, il fut achevé par le concile ; le patriarche grec l'entonna dans sa langue et il fut chanté par ce prélat, par l'archevêque de Nicosie avec ceux qui l'accompagnaient, et par les abbés grecs de Sicile : on chanta par deux fois et solennellement l'article *Qui a Patre Filioque procedit*. Alors le souverain pontife raconta, en quelques mots, comment le roi des Tartares avait envoyé des ambassadeurs : ceux-ci étaient placés en face du pape, en dessous des patriarches. Un chapelain lut la lettre qu'ils avaient apportée, le pape dit encore quelques mots et fixa la prochaine session au lundi 11 juillet et une autre au mardi suivant, si cela était possible, afin de finir le concile, ainsi s'acheva la quatrième session.

Le samedi 7 juillet, le pape montra aux cardinaux la constitution qu'il avait préparée sur l'élection du souverain pontife...

Le matin du dimanche 15, mourut frère Bonaventure, cardinal évêque d'Albano...

Le 16 juillet eut lieu la cinquième session. Auparavant, Pierre, cardinal évêque d'Ostie, baptisa un des ambassadeurs Tartares... Le pape pénétra dans l'église et les cérémonies se firent comme dans la première session sauf que Matthieu, diacre cardinal de Sainte-Marie *in Porticu*, chanta l'évangile de saint Matthieu.

Puis on lut plusieurs constitutions et le pape entretint le concile ; il ordonna aux prélats et aux prêtres du monde entier de chanter une messe pour le repos de l'âme de frère Bonaventure et une autre pour ceux qui étaient morts en venant au concile, en y assistant ou qui mourraient en s'en retournant (1). Comme il se faisait tard, à cause du baptême des Tartares et de la lecture des constitutions, on fixa une réunion au lendemain 17. Ainsi finit la cinquième session.

Le 17 juillet, eut lieu la dernière session. Le pape, revêtu des ornements pontificaux, monta au trône avec quelques prélats. On lut deux constitutions et le pape entretint le concile... Il se plaignit notamment que certains prélats étaient un scandale par leur mauvaise vie et qu'ils ne se corrigeaient point; il les engagea à s'amender, ce qui éviterait la nécessité de faire de nouvelles constitutions, sinon il

(1) Il mourut, durant le concile, cent soixante-six cardinaux, archevêques, évêques ou abbés mitrés (n° 1830).

se montrerait sévère envers eux. Il ajouta qu'il apporterait bientôt des remèdes opportuns à l'obligation de la résidence pour les curés et afin qu'on ne nommât que des personnages dignes. On n'avait pu traiter cela en concile à cause de l'abondance des questions.

Après *Oremus, Flectamus genua, Levate*, le pape récita l'oraison marquée dans l'ordinaire, permit aux prélats de partir, donna sa bénédiction : *Sit nomen Domini benedictum*, etc., enfin le cardinal Ottoboni dit : Retirons-nous en paix. Ainsi finit le concile.

XIV. — Principaux points traités par le concile.

On le voit, Grégoire X, en convoquant le concile, avait eu deux grandes idées : la conquête de la Terre sainte et l'union des Eglises.

1° La Croisade.

En vue de mettre à exécution la première idée, il obtint le versement à l'église Romaine, et pendant six ans, de la dîme de tous les bénéfices de la chrétienté (1). Les Anglais, comme de coutume, protestèrent par l'organe de Richard de Mapham, autrement dit de Pécham, doyen de Lincoln, mais cette tentative d'exemption demeura sans effet (2).

Devait-on organiser de suite l'expédition ? Les avis furent partagés. Tandis que Jacques Ier, roi d'Aragon, opinait pour l'affirmative, Guillaume de Beaujeu, grand maître du Temple, Jean de Scarcella, vicaire occidental de l'ordre, et Alard de Balari ou Valari, s'y montraient, au contraire, opposés (3). La chose en resta là provisoirement, malgré que plusieurs princes et seigneurs eussent pris la croix.

2° Réunion des Eglises grecque et latine.

La réunion de l'Eglise grecque réussit de tout point. Grégoire X en avait, depuis longtemps, préparé les éléments : ses légats à Constantinople avaient, dès l'année précédente, obtenu de l'empereur Michel Paléologue une adhésion non fictive ; d'autre part, Charles, roi de Sicile, et Philippe, empereur latin de Constantinople, s'étaient engagés à remettre à plus tard leurs ambitieuses espérances (4), ce qui était un succès considérable pour la diplomatie pontificale ; enfin le pape mandait aux évêques, podestats et autres seigneurs, sous les peines les plus graves, de favoriser le voyage des envoyés grecs ; lui-même

(1) Nos 1768-9. — (2) No 1770. — (3) No 1771. — (4) Nos 1628-31 et 1849.

envoyait au devant d'eux l'abbé du Mont-Cassin (1) et les archevêques de Palerme et de Naples (2). Enfin, le 24 juin 1274,
l'ambassade grecque arriva à Lyon : elle se composait de Germain, ancien patriarche de Constantinople, Théophane, évêque
de Nicée, Georges Acropolite, sénateur et grand logothète,
Nicolas Panaretus, président du vestiaire, Berrhoéota, grand
interprète, enfin Georges Zinuchi (3). Ils furent reçus avec une
solennité extraordinaire et présentèrent à Grégoire X la lettre
de Michel Paléologue, scellée d'une bulle d'or, et celle des
prélats grecs (4). Celle-ci était écrite au nom de cinquante archevêques ou métropolites et de cinq cents évêques ou synodes. Le
29 juin, fête des apôtres Pierre et Paul, une imposante céré-
monie réunit les deux rites dans l'église Saint-Jean. Grégoire X
célébra la messe ; on lut l'épître en latin et en grec ; l'évangile
fut chanté en latin par Ottobonus Fieschi, diacre cardinal de
Saint-Hadrien, et en grec par un diacre grec. Bonaventure, cardinal évêque d'Albano, prononça le sermon (5). Le *Credo* fut
chanté en latin alternativement par les cardinaux et les chanoines
de Lyon ; ce symbole fut repris, en grec, par le patriarche grec,
les archevêques grecs de Calabre, V. de Morbecca, frère Prêcheur, Jean de Constantinople, frère Mineur, tous deux péniten-
ciers du pape, qui savaient cette langue. L'article *Qui a Patre
Filioque procedit* fut chanté trois fois par les grecs. Le symbole
fini, les mêmes personnages chantèrent les laudes en grec, puis
le pape acheva la messe (6).

La séance solennelle de réunion des deux églises eut lieu le
6 juillet. Après les prières d'usage, Pierre de Tarentaise, cardinal évêque d'Ostie et ancien archevêque de Lyon, prononça un
émouvant discours (7), puis le pape fit lire la lettre de Michel
Paléologue et celle des évêques grecs (8). Les ambassadeurs
hellènes firent alors une première déclaration, qui fut suivie de la
profession de fidélité à l'Église Romaine que Georges Acropolite,
logothète, recita au nom de Michel Paléologue (9). Le même
serment fut répété par les ambassadeurs du clergé grec (10): ils
abjurèrent vingt-six propositions que l'Eglise latine repous-
sait (11), et assurèrent ensuite au concile que l'empereur ferait
son possible pour protéger les chrétiens de Terre sainte (12).
Alors Grégoire X entonna le *Te Deum*, que tous chantèrent, et
parla sur ces paroles : *Desiderio desideravi hoc pascha manducare vobiscum.* Puis le patriarche et les archevêques grecs s'étant

(1) N° 1598. — (2) N° 1599. — (3) N° 1746. — (4) N° 1790. — (5) N° 1794.
— (6) N° 1795. — (7) N° 1803. — (8) N° 1802. — (9) N° 1800. — (10) N° 1807.
— (11) N° 2928. — (12) N° 2930.

placés dans la nef, on chanta en latin le *Credo*, que ce patriarche, l'archevêque de Nicée, et les archevêques et abbés grecs de Sicile reprirent en leur langue : on chanta deux fois le *Qui a Patre Filioque procedit* (1).

L'union était consommée et, le 28 juillet, quelques jours après la fin du concile, Grégoire X pouvait faire part de sa joie à Michel Paléologue, à Andronic, fils aîné de l'empereur. Il écrivit également à quarante et un métropolites grecs (2) pour les engager à assurer pratiquement les heureux effets de la récente union.

C'est une question de savoir si vraiment l'empereur fut de bonne foi dans toutes ces négociations : certains historiens l'ont nié et cette opinion puise une certaine force dans le fait suivant : d'après Innocent V, le grand logothète n'aurait point montré au concile — s'il l'avait ? — la procuration de Michel Paléologue lui permettant d'abjurer, au nom de l'empereur, le schisme grec (3).

Cependant il serait facile de produire d'autres documents officiels (4) constatant que l'empereur et le clergé grec reconnurent vraiment la primatie de l'église Romaine. Il y a plus : Michel Paléologue, malgré la pression exercée par les évêques qui ne voulaient pas de l'union, demeura ferme, jusqu'à la fin de ses jours, dans son rapprochement avec Rome. Aussi, notre opinion personnelle est-elle que l'union ne fut pas un acte purement politique, mais une démarche réellement sincère.

3° Baptême des Tartares.

Deux événements extraordinaires accentuent encore l'intérêt offert par ce concile : le baptême des Tartares et la mort de saint Bonaventure. Les ambassadeurs du Khan des Tartares arrivèrent à Lyon le 4 juillet (5) ; ils venaient pour traiter de la paix, que Grégoire X sollicitait de leur roi afin de poursuivre plus efficacement l'expédition de la Terre sainte. L'impression produite sur les envoyés Tartares par l'imposante assemblée fut telle que l'un de ces ambassadeurs, ainsi que deux de ses compagnons ou serviteurs, demandèrent le baptême. Le pape les fit revêtir de magnifiques ornements écarlates et le baptême leur fut administré le 16 juillet au matin, avant le début de la cinquième session, par Pierre de Tarentaise, cardinal évêque d'Ostie (6).

(1) N° 1808 *bis*. — (2) N°° 1849-51. — (3) N° 2968. — (4) N°° 2899-900 et 2905. — (5) N° 1798. — (6) N° 1812.

4° **Mort de saint Bonaventure.**

Le second événement fut plus impressionnant encore. Ce concile, qui devait accomplir de si grandes choses et recevoir les lumières des plus grands théologiens, vit mourir ceux qu'on a appelés les deux colonnes intellectuelles de l'Eglise au moyen âge. Déjà saint Thomas d'Aquin, mandé au concile par Grégoire X (1), était parti de Naples vers la fin de 1273 et, arrivé à Frosinone, abbaye cistercienne de la province de Rome, y était tombé gravement malade et y était mort le 7 mars de l'année suivante (2). Saint Bonaventure, plus heureux, avait fait bénéficier le concile de sa haute science et, en compagnie du fameux dominicain Albert le Grand, engagé d'importantes discussions avec les ambassadeurs grecs (3). Toutefois, sa santé déclinait visiblement et, le 15 juillet, il s'endormit dans le Seigneur, heureux d'avoir été témoin de la réalisation de l'union si désirée des deux églises. Il fut enseveli le même jour dans l'église des frères Mineurs de Lyon (4). Grégoire X et tous les prélats assistèrent aux obsèques; Pierre de Tarentaise, cardinal évêque d'Ostie, célébra la messe des funérailles et prononça l'oraison funèbre sur ce texte : *Doleo super te, frater mi Jonatha* (5). L'assistance tout entière était, disent les historiens, pénétrée d'une émotion intense en entendant cet éloquent panégyrique. En somme, ce pauvre religieux franciscain, qui n'avait subi les honneurs du cardinalat qu'avec une répugnance marquée, eut les plus belles funérailles dont l'histoire fasse mention : on ne saurait, en effet, citer d'autre exemple d'obsèques d'un personnage dont le cercueil fut entouré d'une couronne de six cents évêques ou prélats.

5° **La réforme de l'Eglise.**

Le second concile de Lyon fut réuni, avons-nous dit, pour la réalisation de deux grandes idées : conquête de la Terre-Sainte et union des églises grecque et latine. Mais là ne se borna pas l'œuvre de l'assemblée. Grégoire X savait trop que l'Eglise est une institution divine confiée aux mains des hommes et, par là même, soumise à de nécessaires réformes. Aussi avait-il pris soin de faire préparer, dès 1273, une sorte de questionnaire qu'il avait adressé à tous les évêques et relatif aux points qu'on traiterait en concile. On possède encore le rapport dressé par l'évêque d'Olmütz en réponse à ce questionnaire (6).

(1) N° 2888. — (2) N° 1611 — (3) N° 1801. — (4) N° 1810. — (5) N° 1811.
(6) N° 1588.

Plus tard, le pape demanda à Humbert de Romans, ancien maître général des frères Prêcheurs, de constituer le programme des questions se rattachant aux trois points principaux à traiter en concile : la Terre-Sainte, le schisme grec et la réforme de l'Eglise (1) ; enfin le nouveau général du même ordre, Jean de Verceil, préparait les constitutions dogmatiques (2). Celles-ci furent présentées, entre la deuxième et la troisième sessions, à la signature de chaque évêque et lues solennellement, le 7 juin, le 16 et le 17 juillet (3).

6° La constitution relative au Conclave.

La plus importante avait trait à l'élection du souverain pontife. Après la mort de Clément IV, le Saint-Siège vaqua deux ans, neuf mois et un jour : Grégoire X, élu le 1er septembre 1271, alors qu'il se trouvait comme pèlerin en Palestine, conçut le projet de mettre fin à ces retards d'élection si préjudiciables au bien de l'Eglise. Le 7 juillet, il montrait aux cardinaux, en conseil privé, la constitution qu'il avait préparée à ce sujet ; elle fut par eux mal reçue, mais le pape les obligea à l'accepter. Des exemplaires en furent écrits pour chaque nation et province, et scellés des sceaux des évêques (4).

La nouvelle constitution décrétait qu'à la mort du pape, les cardinaux devraient de suite se réunir dans un palais et n'en plus sortir jusqu'à ce qu'un nouveau pape fût élu. Le décret ajoutait même des pénalités et des privations matérielles aux cardinaux qui ne se hâteraient point de procéder à l'élection.

Cette constitution si sévère parut plus tard inapplicable. C'est ainsi qu'en 1276, le pape Hadrien V en suspendit l'exécution (5). Quelques mois après, Jean XXI la révoqua complètement (6). Toutefois, elle fut en grande partie rétablie et c'est elle qui régit encore le conclave.

7° Les ordres religieux.

Parmi les actes du concile ayant trait à la réforme de l'Eglise, il convient de mentionner l'abolition de certains ordres mendiants appelés : *Fratres beatæ Mariæ, Servi beatæ Mariæ, Servites, Saccini, Fratres de pœnitentia, Fratres de Valle viridi* (7). Ces moines qui n'avaient de religieux que l'habit faisaient un mal réel à l'Eglise. Sous prétexte de pratiquer les vertus évangéliques, ils refusaient de se soumettre aux évêques

(1) Nos 1640 et 2908. — (2) N° 2907. — (3) Nos 1782, 1787, 1814 et 1843. — (4) N° 1809. — (5) N° 1951. — (6) N° 1952. — (7) Nos 1819 et 2934.

et pratiquaient davantage la paresse que la réelle pauvreté. Le concile ne se prononça pas sur la légitimité de certains ordres, tels que les Carmes et les Ermites de Saint-Augustin (1) ; par contre, il approuva chaleureusement l'institution des deux nouveaux ordres de Saint-Dominique et de Saint-François qui avaient rendu tant de services à la chrétienté (2).

Grégoire X aurait désiré fondre en un seul tous les ordres religieux militaires ; mais on lui fit observer que le roi d'Espagne qui en possédait trois dans son royaume, n'y consentirait jamais (3).

8° Sévérité du pape envers les prélats coupables.

Pour montrer que la réforme de l'Eglise devrait être effective, Grégoire X fit appeler, le 3 juillet, Henri de Geldern, évêque de Liège ; il lui reprocha vivement ses excès d'autorité et ses mœurs exécrables, puis il le déposa de l'épiscopat (4). Le lendemain, il manda près de lui Frédéric, abbé de Saint-Paul-hors-les-Murs, près de Rome, et, après avoir énuméré les crimes dont on l'accusait, il le priva également de sa dignité (5). L'évêque de Rhodes eut le même sort (6); Berthold de Hennenberch, évêque de Würtzbourg, fut également déposé (7). Ces terribles mais nécessaires exécutions avaient plus de portée que les lois les plus sévères.

9° Liturgie.

Au point de vue liturgique, le concile décida qu'on jeûnerait le mardi des Rogations et que les églises (d'Allemagne ?) célébreraient la fête de saint Augustin, évêque d'Hippone, le 28 août, et celle de saint Rupert, évêque de Salzbourg, le 24 septembre (8); Grégoire X avait composé une antienne *Ave caro Christi cara ;* il ordonna de la chanter à la messe au moment de la consécration (9).

10° La couronne impériale.

Quelques mots seulement de l'œuvre politique du concile. Jacques Ier, roi d'Aragon, était venu à Lyon, espérant obtenir la couronne impériale (10). En mai, il fit solliciter par Raymond Marc et Bernard de Castanet, cette haute dignité. Grégoire X répondit que Jacques n'avait pas payé le tribut dû à l'Eglise Romaine et qu'en tous cas, le pape ne pouvait prendre une déci-

(1) N° 1818. — (2) N° 1817. — (3) N° 1821. — (4) N° 1796. — (5) N° 1800. — (6) N° 1826. — (7) N° 1827. — (8) N° 1825. — (9) N° 1824. — (10) N° 1642.

sion aussi importante en l'absence des deux cardinaux demeurés à Rome, savoir : Richard de' Annibaldi de Molaria, diacre cardinal de St-Ange, et Jean Cajétan des Ursins, diacre cardinal de St-Nicolas *in carcere Tulliano* (1). Le roi voyant qu'il n'arrivait à aucun résultat, quitta Lyon, le 21 mai et retourna dans ses états (2). Aussi bien le concile avait-il en vue un autre candidat pour l'empire et, le 6 juin, Rodolphe Ier était proclamé roi des Romains et futur empereur (3).

D'autre part, le roi de Sicile avait commis certains excès contre les biens ecclésiastiques. Marin d'Eboli, archevêque de Capoue, lut, au concile, un mémoire sur les maux dont souffraient les sujets du royaume de Sicile ; Grégoire X décida que deux évêques de cette contrée, de retour du concile, iraient exhorter le roi à cesser ses abus (4).

J'ai essayé de résumer en quelques traits l'histoire des rapports des papes avec le diocèse de Lyon durant les treize premiers siècles et de montrer l'importance historique dont jouit, pendant cette longue période, l'église de Lyon. Je n'ai point cherché à exagérer mon sujet, non plus qu'à voiler les faiblesses de ceux qui avaient charge d'âmes et qui se sont montrés plus ou moins indignes de leur vocation. Je serai heureux si le présent travail, tout incomplet qu'il puisse être, donne à mes concitoyens le légitime orgueil d'appartenir à une cité illustre, à tous la conviction que la Rome des Gaules tient une place toute spéciale et fort honorable dans l'histoire générale de l'Eglise.

(1) N° 1772. — (2) N° 1778. — (3) N° 1784. — (4) N° 1816.

Lyon. — Imprimerie Emmanuel VITTE, rue de la Quarantaine, 18.

9 782012 830318